Classiques Larousse

Molière
Les Femmes savantes

comédie

Édition présentée, annotée et expliquée
par
ÉDOUARD BESSIÈRE
certifié de lettres modernes

LAROUSSE

Qu'est-ce qu'un classique ?

Les Femmes savantes ont été écrites par Molière il y a plus de trois cents ans, sous le règne de Louis XIV. Cette pièce de théâtre a été représentée pour la première fois au théâtre du Palais-Royal à Paris.

Elle appartient maintenant à la littérature classique car son sujet est toujours actuel (le féminisme), et Molière l'a traité d'une façon qui fait encore rire et réfléchir aujourd'hui.

L'ouvrage que vous avez entre les mains est particulier. En plus des *Femmes savantes*, il contient de nombreux renseignements sur l'auteur, le théâtre, le sujet de l'œuvre, les personnages, etc. Afin de mieux comprendre le texte de Molière, des notes placées en bas de page expliquent certains mots, et des questions, regroupées dans un encadré, aident à faire le point. Ainsi, vous pourrez lire la pièce avec plaisir et, pourquoi pas, comme si vous étiez un acteur ou une actrice...

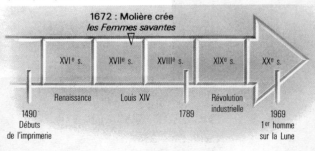

1672 : Molière crée
les Femmes savantes

XVIᵉ s.   XVIIᵉ s.   XVIIIᵉ s.   XIXᵉ s.   XXᵉ s.

Renaissance   Louis XIV   Révolution industrielle

1490
Débuts
de l'imprimerie

1789

1969
1ᵉʳ homme
sur la Lune

© Larousse 1990.
ISBN 2-03-871307-3
Collection fondée par Félix Guirand et continuée par Léon Lejealle.

Sommaire

Lever de rideau sur Molière

Les jeunes années

Jean-Baptiste Poquelin naît en 1622 à Paris. Son père, Jean Poquelin, est comme d'autres membres de la famille, bourgeois de Paris et « tapissier ordinaire » du roi.

En 1639, Jean-Baptiste termine sa scolarité au collège jésuite de Clermont (aujourd'hui lycée Louis-le-Grand, à Paris), puis, après des études de droit à Orléans, obtient sa licence. Il pourrait devenir avocat, mais la profession de comédien le fascine. C'est ainsi qu'en 1643 il fonde, en collaboration avec la comédienne Madeleine Béjart, *l'Illustre-Théâtre*. En 1644, il prend le surnom de Molière.

Les tournées en province

L'Illustre-Théâtre connaît des difficultés financières : Molière est emprisonné pour dettes pendant quelques jours... Plutôt que de battre le pavé de Paris, la troupe décide de faire des tournées en province. Pendant treize ans (1645-1658), les comédiens passent d'une région à l'autre, d'un protecteur à l'autre (le duc d'Épernon, le prince de Conti et le gouverneur de Normandie), jouant des tragédies de contemporains (Corneille, par exemple, que Molière rencontre à Rouen en 1658) ou des farces. Pour les besoins de la troupe, Molière s'essaye aussi à l'écriture avec *l'Étourdi* (1655) et *le Dépit amoureux* (1656).

Il compose également des canevas de farces, à partir desquels les comédiens improvisent.

Philippe Caubère dans le rôle de Molière.
Molière d'Ariane Mnouchkine, 1978.

La faveur du roi

Molière est devenu un professionnel du théâtre : il a dirigé plusieurs troupes, il a joué devant des publics nombreux et variés et, ayant compris les principes du comique, il a écrit ses propres pièces. Monsieur, frère du jeune Louis XIV, protège Molière et le présente au roi : le 24 octobre 1658, la troupe joue devant le monarque et obtient la salle du Petit-Bourbon, en partage avec les comédiens-italiens.

L'écriture personnelle

Très sensible à la juste mesure, Molière est un observateur redoutable : il a vite fait d'épingler les ridicules et les travers de ses contemporains. Doué du génie comique, il veut faire rire à propos des femmes minaudières, « coquettes », « savantes », des hypocrites... Observateur, il note ce que disent les passants dans la rue. Donneau de Visé, l'un de ses contemporains, se moque de son espionnage des femmes : « Je crois même qu'il avait des tablettes, et qu'à la faveur de son manteau, il a écrit, sans être aperçu, ce qu'elles ont pu dire... »

Pour Molière, le rire est salutaire et purifiant : l'homme qui rit des travers des autres, ou, mieux, de ses propres manies, devient meilleur et sème le bonheur autour de lui. La comédie éduque plus qu'un livre de morale, et, comme l'écrit Donneau de Visé à propos de Molière : « Tout parlait en lui, et, d'un pas, d'un sourire, d'un clin d'œil et d'un remuement de tête il faisait plus concevoir de choses que le plus grand parleur. »

L'écriture de commande

Louis XIV, aimant rire (mais, pas souvent à propos de lui-même), apprécie Molière. Dès 1661, il lui suggère une scène dans la comédie des *Fâcheux*, puis il lui commande des pièces composites pour divertir la Cour : ce sont les comédies-ballets.

Le roi devient le parrain du premier enfant de Molière en 1665, confère à sa troupe le nom de « Troupe du roi » et lui verse une pension de 6 000 livres (chiffre assez important pour l'époque : un tisserand qualifié gagne 130 livres par an ; un bon cheval vaut 100 livres). Collaborant bientôt avec le musicien Lully, Molière est le grand ordonnateur des fêtes de Versailles : c'est un décorateur et costumier de génie. Louis XIV, en personne, dansera dans certains divertissements...

Acteur jusqu'au bout

Molière est un homme qui se dépense beaucoup. Il doit tout faire : écrire, mettre en scène, élaborer décors et costumes, gérer son théâtre au mieux pour avoir les meilleurs acteurs. Cela, en vue d'amuser ses contemporains. Cependant, tout le monde ne rit pas. Des jaloux (de son succès, ou de sa faveur auprès du roi) le taxent d'immoralité ou d'irreligion. Ces jaloux et persécuteurs sont puissants (les fidèles de la reine mère, Anne d'Autriche, les marquis ridiculisés, les « beaux esprits », des écrivains comme l'abbé Cotin, etc.) : ils réussissent quelquefois à faire interdire temporairement certaines pièces (*le Tartuffe* et *Dom Juan*, par exemple). Tout cela mine Molière...

Depuis 1665, une fluxion de poitrine inguérissable (congestion pulmonaire ? tuberculose ?) en a fait un homme malingre, toussant sans cesse, crachant le sang.

Le 17 février 1673, lors de la quatrième représentation du *Malade imaginaire,* il a un malaise, et, transporté chez lui, il meurt. Molière n'est enterré chrétiennement que sur l'intervention du roi, car l'Église pense que les acteurs, capables de simuler tous les sentiments, sont des disciples de Satan.

7

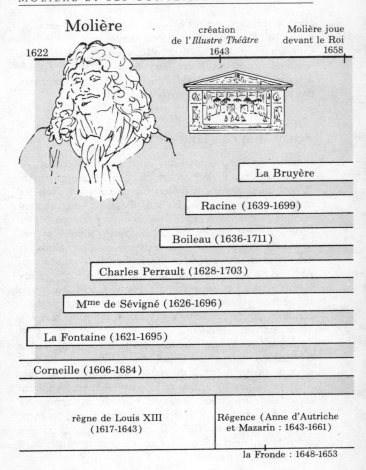

Molière

création
de l'*Illustre Théâtre*
1643

Molière joue
devant le Roi
1658

1622

La Bruyère

Racine (1639-1699)

Boileau (1636-1711)

Charles Perrault (1628-1703)

Mme de Sévigné (1626-1696)

La Fontaine (1621-1695)

Corneille (1606-1684)

règne de Louis XIII
(1617-1643)

Régence (Anne d'Autriche
et Mazarin : 1643-1661)

la Fronde : 1648-1653

l' *Illustre Théâtre*
devient Troupe du Roi
1665   1673

(1645-1696)

règne de Louis XIV
(1661-1715)

1685 : révocation
de l'Édit de Nantes

Un bourgeois lettré

Molière manifeste tôt des aptitudes intellectuelles : ses études sont brillantes, et il demande à son grand-père de l'emmener au théâtre. Il n'est pas question pour lui de devenir tapissier. Il n'est pas non plus question de devenir avocat et de brimer son goût du français par l'adoption d'un « jargon » spécialisé, voire ridicule... Qu'envisager alors ? Les pièces vues dans son enfance, les spectacles de rue des bateleurs italiens, le plaisir des mots bien dits conduisent le jeune bourgeois au métier d'acteur.

Acteur et directeur de troupe

Même s'il n'en est pas très content, son père ne s'oppose pas vraiment à son choix (Louis XIII a relevé les comédiens de leur « indignité »), et c'est en toute conscience que Molière s'engage dans cette voie... Au cours des tournées provinciales, il apprend ce qui plaît au public et ce qui convient aux acteurs.

En fait, devenir « homme de théâtre » n'entraîne pas une réelle rupture avec la tradition familiale : gérer une troupe, n'est-ce pas une activité commerciale, tout comme assumer une charge de tapissier ? Charge qu'il récupérera d'ailleurs à la mort de son frère et qui contribuera à perfectionner ses talents de décorateur et de costumier.

Toute sa vie, Molière a eu le sens de la mesure et

de l'harmonie et a manifesté un goût profond pour la vie intellectuelle. Le monde imaginaire qu'il a créé reflète sa formation et ses idées ; aussi a-t-il joué, sur vingt-quatre rôles importants, quinze fois les bourgeois, sept fois seulement les valets... Dans *les Femmes savantes*, il interpréta le bourgeois Chrysale.

Critique... mais « honnête homme »

Louis XIV s'appuie, politiquement et culturellement, sur la haute bourgeoisie, et il ne cesse d'assujettir les nobles en les réduisant au rôle de courtisans. Aussi Molière, son protégé, trouve-t-il dans la noblesse ridicule une de ses cibles favorites. Mais les bourgeois qui la singent ne sont pas épargnés. Par dégoût des « impertinences des hommes », Molière dénonce les travers de son temps, où qu'ils se trouvent.

Durant sa carrière parisienne, il se heurte ainsi aux dévots (gens attachés aux pratiques religieuses, parfois hypocritement) mais aussi à certains de ses « confrères » en littérature, moins heureux ou moins protégés.

Homme du juste milieu, Molière estime qu'être croyant ne permet pas de jouer les saints, qu'être écrivain ne donne pas le droit d'insulter un auteur plus chanceux. À travers ses pièces, il dispense alors des leçons de comportement : l'on doit être modeste et modéré dans l'expression de sa foi, comme dans celle de ses dons intellectuels ou artistiques. Il faut être « honnête », c'est-à-dire correspondre à l'idéal moral et intellectuel de discrétion recherché au XVIIe siècle, sous peine de ne pouvoir vivre sereinement en société.

11

Une œuvre qui vit...

Molière a essayé tous les genres comiques existant à son époque : farces (f), comédies-ballets (cb), comédies-critiques (cc), comédies d'intrigues (ci), comédies de mœurs et de caractère (cmc). Il n'a jamais cessé d'être joué, toujours avec succès, et, dans le monde entier, ses principales pièces sont connues et appréciées.

1655   *L'Étourdi* (ci).
1656   *Le Dépit amoureux* (ci).
1659   *Les Précieuses ridicules* (cmc).
1661   *L'École des maris* (cmc), *les Fâcheux* (cmc).
1662   *L'École des femmes* (cmc).
1663   *La Critique de l'École des femmes* (cc),
       l'Impromptu de Versailles (cc).
1665   *Dom Juan* (cmc), *l'Amour médecin* (cb).
1666   *Le Misanthrope* (cmc), *le Médecin malgré lui* (f).
1667   *Le Tartuffe* (cmc).
1668   *Amphitryon* (ci), *George Dandin* (cmc), *l'Avare* (cmc).
1669   Version définitive de *Tartuffe* (cmc).
1670   *Le Bourgeois gentilhomme* (cb).
1671   *Les Fourberies de Scapin* (ci).
1672   Les Femmes savantes (cmc).
1673   *Le Malade imaginaire* (cb).

Les Femmes savantes :
un règlement de comptes

Un abbé méchant homme

Molière fait représenter en 1662, *l'École des femmes,*
comédie dans laquelle un vieillard prétend enfermer une
jeune fille jusqu'à ce qu'elle soit en âge d'être épousée
par lui. Celle-ci découvre l'amour, malgré toutes les
précautions du vieillard.

Les spectateurs, qu'ils soient dévots, ou écrivains,
trouvent cette pièce immorale, et se déchaînent contre
Molière. Parmi eux, l'abbé Cotin, membre de l'Académie
française. Celui-ci est reçu par certaines femmes du
monde qui se piquent de culture scientifique et littéraire :
Madame de Soubise, Mlles de Guise et de Montpensier,
et d'autres encore. Satisfait de lui-même, et flatté par
toutes ces nobles dames, l'abbé se montre très sévère
avec Molière. Ils échangent des mots vifs dans un salon
de Paris en 1663 ou 1664. L'incisif Cotin semble
l'emporter. Il n'hésite pas à dire que les comédiens
n'ont pas d'âme... Molière fait alors savoir qu'il règlera
le problème sur scène.

Gare à Cotin et à ses amies savantes !

Molière fait donc représenter en 1672 *les Femmes savantes* :
trois grandes bourgeoises, ridicules par leur volonté
d'égaler les hommes en savoir, rivalisent de pédantisme

Portrait de l'abbé Cotin.
Bibliothèque nationale, Paris.

avec deux auteurs, dont l'un, le sieur Trissotin (comprendre : Cotin le-trois-fois-sot !), vient leur lire deux poèmes assez discutables : *Sonnet à la princesse Uranie* et *Sur un carrosse de couleur amarante,* tous deux se trouvant textuellement dans les *Œuvres galantes* de l'abbé Cotin.

La plupart des ennemis de Molière rient de bon cœur, sauf l'abbé, qui ne sort plus de chez lui pendant quelque temps.

14

Molière contre le savoir des femmes ?

Dans l'*École des femmes*, Molière semblait vouloir soulager celles-ci de leur soumission sexuelle autant qu'intellectuelle aux hommes : la fraîche et naïve Agnès échappait aux griffes du vieil Arnolphe. Pourquoi donc, dix ans plus tard, avec *les Femmes savantes*, se moque-t-il des femmes « libérées » de l'emprise des hommes ?

Des femmes qui lisent les philosophes...

Les « savantes » de la pièce sont Philaminte, Bélise et Armande. Elles discutent de philosophie et de morale, de physique et d'astronomie et donnent la réplique aux savants Trissotin et Vadius. Philaminte parle avec justesse des « mondes tombants » ou des « tourbillons » de Descartes ; Bélise connaît les lois de la pesanteur ; Armande opte pour la philosophie d'Épicure.

Beaucoup de grandes dames de l'époque suivaient des cours donnés par des savants ou des vulgarisateurs ; elles tenaient aussi salon où elles recevaient des écrivains et des savants.

... pendant que le ménage n'est pas fait !

Molière estime que, si les femmes ne doivent pas être brimées par les hommes, celles-ci , en retour, ne doivent

agravate

pas brimer ceux-là, en usurpant leur rôle à la faveur
d'une éducation plus poussée :
« Il n'est pas bien honnête et pour beaucoup de causes
Qu'une femme étudie, et sache tant de choses. » (Acte II,
scène 7, vers 571-572.)

Que le ménage soit fait d'abord ! Ces dames liront
après, si cela leur chante...

Les Vierges folles.
Gravure d'Abraham Bosse (1602-1676).
Bibliothèque nationale, Paris.

De quoi s'agit-il ?

Ne vous mariez pas, ma sœur ! (acte I)

Armande, l'intellectuelle, reproche à sa sœur Henriette, la naturelle, de vouloir se marier et avoir des enfants, et de ne pas ressembler à leur mère, Philaminte, femme fort intelligente, qui reçoit des auteurs chez elle.

L'amour physique est une chose sale ! Avoir des enfants est monstrueux ! Il faut aimer de loin, et ne penser qu'à cultiver son esprit.

Henriette aime Clitandre (repoussé par Armande) et entend l'épouser. Une femme est faite pour aimer et être aimée car, sinon... comment donc les philosophes naîtraient-ils ? Clitandre le dit lui-même : personne n'entravera leur bonheur.

« Quand poule parle et coq se tait. » (acte II)

Oui, mais... Si l'oncle Ariste est pour ce mariage, Chrysale, le père, également favorable, a peur de sa femme, Philaminte ! Et quelle femme ! Elle décide sans que son mari ose la contredire de renvoyer la servante Martine qui fait d'inacceptables fautes de grammaire en parlant ! Et de marier la belle Henriette à un certain monsieur Trissotin, écrivain de son état. Y a-t-il plus beau mari et surtout meilleur gendre, qu'un bel esprit ?

Voyons un peu le beau mari... (acte III)

Monsieur Trissotin, au ravissement de Philaminte, de la sœur de Chrysale, Bélise, et d'Armande (Henriette est obligée de rester dans le salon), vient réciter deux poèmes ridicules. Mais Vadius, un autre auteur, tout aussi sottement orgueilleux, tient lui aussi à réciter. Et c'est la querelle : l'injure remplace les politesses. Pourtant, Philaminte admire toujours son grand homme...

Clitandre contre Trissotin (acte IV)

Clitandre s'explique avec Trissotin. Celui-ci, comme tous les mauvais auteurs, en mal de situation et de revenus, cherche à s'insinuer dans la bonne société et à épouser une fille riche ! Vadius, jaloux de la chance de Trissotin, essaie de le perdre dans l'esprit de Philaminte ; sans succès. Seul Chrysale, s'il jouait enfin son rôle de père et de chef de famille, pourrait redresser la situation. Clitandre et Henriette n'ont qu'un faible espoir...

Le stratagème d'oncle Ariste... (acte V)

Henriette essaie en vain de persuader Trissotin que leur mariage serait une erreur. Lorsque le notaire arrive, Philaminte impose à Chrysale son consentement, en proposant en guise de consolation pour Clitandre, un mariage avec Armande... L'oncle Ariste annonce alors la faillite de la famille : Henriette n'est plus une riche héritière. Trissotin réfléchit, puis renonce au mariage. Philaminte, enfin déçue par son écrivain, ne s'oppose alors plus au bonheur de Clitandre et d'Henriette.

18

Des personnages en opposition

Le mariage compromis de Clitandre et d'Henriette constitue le nœud de l'intrigue. Ils sont les seuls à communiquer réellement, leur échange étant marqué par la stricte correspondance de la parole et du sentiment.

En revanche, ils sont la cause d'affrontements d'un bout à l'autre de la pièce. Ces affrontements (auxquels ils participent parfois l'un ou l'autre) s'avèrent être des affrontements par couples, ce qui donne à la pièce une architecture très solide.

Les couples en affrontement

Henriette-Armande

Ce sont en fait deux conceptions de l'éducation féminine qui s'opposent à travers elles. Henriette représente la femme traditionnelle, naturelle et intuitive, soumise à l'autorité masculine dès lors qu'elle n'est pas tyrannique, tandis qu'Armande évoque la femme rebelle à cette autorité, revendiquant un rôle équivalent à celui de l'homme.

Molière condamne moins son goût des lettres que son refus de l'amour et du mariage. Son intellectualisme paraît artificiel, et sous sa pruderie se cachent en fait orgueil et jalousie : elle entreprend de compromettre le bonheur d'Henriette (dénonciation de la « désobéissance » d'Henriette et dénigrement de Clitandre auprès de Philaminte. IV, 2). Sa méchanceté n'est que le fruit de ses frustrations, malheureusement volontaires !

Chrysale-Philaminte

C'est un couple hors des normes. L'homme n'a aucune autorité, la femme y joue l'homme. L'ordre bourgeois est menacé. Philaminte est le personnage le plus négatif de la pièce : elle cause, par sa « manie », la déchéance d'une famille, qu'elle plonge dans les conflits.

Là encore, c'est moins l'intelligence qui est en cause que les nuisances qu'elle crée, lorsqu'elle n'est pas soumise à la mesure : régenter son monde par la grammaire, idolâtrer les plumitifs et s'ériger en arbitre des intelligences d'un pays relèvent de la psychiatrie.

Face à cette volonté en déséquilibre, un homme uniquement soucieux de son repos, fuyant les problèmes, lâche parfois.

Clitandre-Trissotin

Clitandre est l'« honnête homme » rêvé par Molière. Ses bonnes manières, son dégoût des excès (amour platonique préconisé par Armande, pédantisme de Trissotin), son bon sens (il passe d'une sœur à l'autre !) le désignent comme l'amant parfait, contrairement à l'hypocrite et vulgaire Trissotin (orgueilleux, intéressé, au physique peu attrayant).

Ariste-Bélise

Respectivement oncle et tante d'Henriette, ils sont la personnification de la raison et de la folie.

Bélise, quoique âgée, s'imagine que tous les jeunes gens (dont Clitandre) sont amoureux d'elle. Ariste correspond à un Clitandre vieilli, supérieur au jeune

20

premier par sa sagesse et sa présence d'esprit (ingéniosité du stratagème qui cause le renversement final).

Bélise complète le trio des « savantes » : en plus de la mère dénaturée, de la sœur prude et malfaisante, nous avons, avec elle, la tante « chimérique ». Elle préfigure ce que pourrait devenir Armande, si cette dernière persistait dans son refus du mariage.

Chrysale. Gravure d'après un dessin de E. Geffroy, pour une édition des œuvres de Molière en 1868. Bibliothèque nationale, Paris.

Portrait de Molière,
gravure anonyme.
Bibliothèque nationale, Paris.

MOLIÈRE

Les Femmes savantes

comédie
représentée pour la première fois
le 11 mars 1672

Personnages

Chrysale, *bon bourgeois*
Philaminte, *femme de Chrysale*
Armande, *fille de Chrysale et Philaminte*
Henriette, *fille de Chrysale et Philaminte*
Ariste, *frère de Chrysale*
Bélise, *sœur de Chrysale*
Clitandre, *amant d'Henriette*
Trissotin, *bel esprit*
Vadius, *savant*
Martine, *servante de cuisine*
Lépine, *laquais*
Julien, *valet de Vadius*
Le notaire

La scène est à Paris.

Acte premier

SCÈNE PREMIÈRE. ARMANDE, HENRIETTE.

ARMANDE

Quoi ! le beau nom de fille[1] est un titre, ma sœur,
Dont vous voulez quitter la charmante douceur,
Et de vous marier vous osez faire fête[2] ?
Ce vulgaire[3] dessein vous peut monter en tête ?

HENRIETTE

5 Oui, ma sœur.

ARMANDE

Ah ! ce oui se peut-il supporter ?
Et sans un mal de cœur[4] saurait-on l'écouter ?

HENRIETTE

Qu'a donc le mariage en soi qui vous oblige[5],
Ma sœur...

ARMANDE

Ah ! mon Dieu, fi !

HENRIETTE

Comment ?

ARMANDE

Ah ! fi ! vous dis-je,
Ne concevez-vous point ce que, dès qu'on l'entend,

---

1. *Fille :* jeune fille.
2. *Faire fête :* vous réjouir.
3. *Vulgaire :* commun, banal.
4. *Mal de cœur :* aversion, contrariété.
5. *Oblige :* cause une contrainte, un embarras.

25

10 Un tel mot à l'esprit offre de dégoûtant[1],
De quelle étrange image on est par lui blessée,
Sur quelle sale vue il traîne la pensée ?
N'en frissonnez-vous point ? et pouvez-vous, ma sœur,
Aux suites[2] de ce mot résoudre[3] votre cœur ?

HENRIETTE

15 Les suites de ce mot, quand je les envisage,
Me font voir un mari, des enfants, un ménage ;
Et je ne vois rien là, si j'en puis raisonner,
Qui blesse la pensée et fasse frissonner.

ARMANDE

De tels attachements, ô ciel ! sont pour vous plaire !

HENRIETTE

20 Et qu'est-ce qu'à mon âge on a de mieux à faire,
Que d'attacher à soi, par le titre d'époux,
Un homme qui vous aime et soit aimé de vous,
Et de cette union, de tendresse suivie,
Se faire les douceurs d'une innocente vie ?
25 Ce nœud bien assorti[4] n'a-t-il pas des appas[5] ?

ARMANDE

Mon Dieu, que votre esprit est d'un étage bas !
Que vous jouez au monde un petit personnage,
De vous claquemurer aux[6] choses du ménage,
Et de n'entrevoir point de plaisirs plus touchants
30 Qu'un idole[7] d'époux et des marmots[8] d'enfants !

---

1. *Dégoûtant* : déplaisant, ne relevant pas du bon goût.
2. *Aux suites* : conséquences.
3. *Résoudre (quelqu'un, quelque chose à)* : pousser à, faire accepter.
4. *Ce nœud bien assorti* : cette union composée d'être qui s'accordent.
5. *Appas* : attrait, charme.
6. *Vous claquemurer aux* : vous enfermer dans, vous en tenir à.
7. *Idole* : le genre des mots est encore incertain au XVIIe siècle.
8. *Marmot* : figure grotesque, singe.

Henriette (Dominique Constanza).
Mise en scène de Jean-Paul Roussillon.
Comédie-Française, 1978.

Laissez aux gens grossiers, aux personnes vulgaires,
Les bas amusements[1] de ces sortes d'affaires.
À de plus hauts objets[2] élevez vos désirs,
Songez à prendre un goût[3] des plus nobles plaisirs,
35 Et, traitant de mépris[4] les sens et la matière,
À l'esprit, comme nous, donnez-vous tout entière :
Vous avez notre mère en exemple à vos yeux,
Que du nom de savante on honore en tous lieux ;
Tâchez, ainsi que moi, de vous montrer sa fille,

1. *Amusement :* occupation sans idée de distraction (qui ferait même perdre son temps...).
2. *Objet :* spectacle, image (donc considérations).
3. *Prendre un goût de :* nous dirions, aujourd'hui, prendre goût à.
4. *De mépris :* avec mépris, par le mépris.

40 Aspirez aux clartés[1] qui sont dans la famille,
Et vous rendez[2] sensible aux charmantes douceurs
Que l'amour de l'étude épanche dans les cœurs.
Loin d'être aux lois d'un homme en esclave asservie,
Mariez-vous, ma sœur, à la philosophie,
45 Qui nous monte[3] au-dessus de tout le genre humain
Et donne à la raison l'empire[4] souverain,
Soumettant à ses lois la partie animale,
Dont l'appétit grossier aux bêtes nous ravale[5].
Ce sont là les beaux feux[6], les doux attachements,
50 Qui doivent de la vie occuper les moments ;
Et les soins où[7] je vois tant de femmes sensibles
Me paraissent aux yeux[8] des pauvretés horribles.

HENRIETTE

Le Ciel, dont nous voyons que l'ordre est tout-puissant,
Pour différents emplois nous fabrique en naissant[9],
55 Et tout esprit n'est pas composé d'une étoffe
Qui se trouve taillée à faire un philosophe.
Si le vôtre est né propre aux élévations[10]
Où montent des savants les spéculations,
Le mien est fait, ma sœur, pour aller terre à terre,
60 Et dans les petits soins son faible se resserre[11].

---

1. *Clarté :* connaissances (lumières intellectuelles).
2. *Et vous rendez :* et rendez-vous...
3. *Monte :* place.
4. *Empire :* pouvoir.
5. *Ravale :* faire descendre (au rang de).
6. *Feux :* ardeurs enthousiastes.
7. *Les soins où :* les soucis auxquels.
8. *Me paraissent aux yeux :* paraissent à mes yeux, sont selon moi.
9. *En naissant :* lorsque nous naissons.
10. *Élévations :* idées nobles ou élevées.
11. *Et dans... resserre :* sa faiblesse est de se limiter aux occupations de peu d'importance.

Ne troublons point du ciel les justes règlements
Et de nos deux instincts suivons les mouvements.
Habitez, par l'essor d'un grand et beau génie[1],
Les hautes régions de la philosophie,
65 Tandis que mon esprit, se tenant ici-bas,
Goûtera de l'hymen[2] les terrestres appas.
Ainsi, dans nos desseins l'une à l'autre contraire,
Nous saurons toutes deux imiter notre mère :
Vous, du côté de l'âme et des nobles désirs,
70 Moi, du côté des sens et des grossiers plaisirs ;
Vous, aux productions[3] d'esprit et de lumière,
Moi, dans celles, ma sœur, qui sont de la matière.

ARMANDE

Quand sur une personne on prétend se régler[4],
C'est par les beaux côtés qu'il lui faut ressembler,
75 Et ce n'est point du tout la prendre pour modèle,
Ma sœur, que de tousser et de cracher comme elle.

HENRIETTE

Mais vous ne seriez pas ce dont vous vous vantez
Si ma mère n'eût eu que de ces beaux côtés ;
Et bien vous prend, ma sœur, que son noble génie[5]
80 N'ait pas vaqué[6] toujours à la philosophie.
De grâce, souffrez-moi[7], par un peu de bonté,
Des bassesses à qui vous devez la clarté[8],

---

1. *Génie* : aptitude naturelle, talent.
2. *Hymen* : mariage.
3. *Aux productions* : dans les productions.
4. *Se régler* : imiter.
5. *Et bien vous prend, ma sœur, que son noble génie :* vous bénéficiez
de ce que son noble génie...
6. *N'aie pas vaqué :* ne se soit consacré.
7. *Souffrez-moi :* permettez-moi.
8. *Clarté :* le jour.

Et ne supprimez point, voulant qu'on vous seconde[1],
Quelque petit savant qui veut venir au monde.

ARMANDE

85 Je vois que votre esprit ne peut être guéri
Du fol entêtement de vous faire[2] un mari ;
Mais sachons, s'il vous plaît, qui vous songez à prendre,
Votre visée[3] au moins n'est pas mise à Clitandre ?

HENRIETTE

Et par quelle raison n'y serait-elle pas ?
90 Manque-t-il de mérite ? est-ce un choix qui soit bas ?

ARMANDE

Non ; mais c'est un dessein qui serait malhonnête[4]
Que de vouloir d'une autre enlever la conquête :
Et ce n'est pas un fait dans le monde ignoré
Que Clitandre ait pour moi hautement[5] soupiré.

HENRIETTE

95 Oui ; mais tous ces soupirs chez vous[6] sont choses
[vaines,
Et vous ne tombez pas aux bassesses humaines :
Votre esprit à l'hymen renonce pour toujours,
Et la philosophie a toutes vos amours.
Ainsi, n'ayant au cœur nul dessein pour Clitandre,
100 Que vous importe-t-il qu'on y[7] puisse prétendre ?

ARMANDE

Cet empire que tient la raison sur les sens

1. *Seconde* : imite.
2. *Faire* : trouver.
3. *Visée* : mettre sa visée à quelqu'un, porter son choix sur.
4. *Malhonnête* : sans distinction, sans noblesse.
5. *Hautement* : clairement, publiquement.
6. *Chez vous* : selon votre point de vue.
7. *Y* : à lui.

Ne fait pas renoncer aux douceurs des encens[1] ;
Et l'on peut pour époux refuser un mérite[2]
Que pour adorateur on veut bien à sa suite[3].

HENRIETTE

105 Je n'ai pas empêché qu'à vos perfections
Il n'ait continué ses adorations,
Et je n'ai fait que prendre, au refus de votre âme[4]
Ce qu'est venu m'offrir l'hommage[5] de sa flamme[6].

ARMANDE

Mais à l'offre des vœux[7] d'un amant dépité
110 Trouvez-vous, je vous prie, entière sûreté ?
Croyez-vous pour vos yeux sa passion bien forte,
Et qu'en son cœur pour moi toute flamme soit morte ?

HENRIETTE

Il me le dit, ma sœur, et, pour moi, je le croi[8].

ARMANDE

Ne soyez pas, ma sœur, d'une si bonne foi[9],
115 Et croyez, quand il dit qu'il me quitte et vous aime,
Qu'il n'y songe pas bien et se trompe lui-même.

HENRIETTE

Je ne sais ; mais enfin, si c'est votre plaisir,
Il nous est bien aisé de nous en éclaircir.
Je l'aperçois qui vient, et sur cette matière
120 Il pourra nous donner une pleine lumière.

---

1. *Encens :* compliments, galanteries.
2. *Mérite :* un homme qui a du mérite.
3. *À sa suite :* parmi ceux qui font leur cour.
4. *Au refus de votre âme :* après que votre âme l'eut refusé.
5. *Hommage :* témoignage de courtoisie, de respect.
6. *Flamme :* amour (vif comme une flamme).
7. *Vœux :* désirs amoureux.
8. *Croi :* liberté orthographique pour rimer visuellement avec foi.
9. *Bonne foi :* crédulité naïve.

Acte I scène 1

L'EXPOSITION : NE VOUS MARIEZ PAS MA SŒUR

1. Deux sœurs sont en scène : quel est l'objet de leur conversation ?
2. En quoi les vers 87-88 modifient-ils le débat ?
3. Grâce à cette première scène, de quels personnages le spectateur-lecteur connaît-il l'existence ? Si l'on parlait en termes de « camp », où rangeriez-vous les personnages évoqués par les deux sœurs ? dans le camp d'Henriette ? dans celui d'Armande ?
4. Au terme de cette première scène, devine-t-on ce qui pourrait être le sujet de la pièce ?

PSYCHOLOGIE ET DISCOURS

5. Comment définissez-vous le caractère de cette Armande qui ne songe qu'aux choses de l'esprit, rejette le mariage et a « rebuté » le jeune Clitandre ?
6. Par opposition, quel est le caractère d'Henriette ?
7. Relevez les termes dépréciatifs utilisés par Armande pour désigner le mariage et la vie matrimoniale. Classez-les dans un tableau à quatre colonnes (1 : ce qui est bas ; 2 : l'étroitesse, l'enfermement, la servilité ; 3 : la laideur, la grossièreté ; 4 : l'animalité, les instincts).
8. Quels termes utilise-t-elle pour désigner l'activité intellectuelle ?
9. Montrez qu'Henriette reprend l'opposition de vocabulaire mariage-intellectualité très ironiquement.
10. Les spectateurs du XVIIe siècle jugèrent le personnage d'Henriette trop « naturel » à cause des vers 66, 70, 77-80, 83-84. Quelle règle dramaturgique pouvaient-ils enfreindre ? Qu'en pensez-vous ?
11. Relisez les vers 101-104 et définissez la conception d'Armande à propos des liens amoureux.
12. Armande se montre-t-elle sévère avec sa sœur uniquement parce qu'elle lui reproche un manque d'intelligence et de raffinement ?

SCÈNE 2. CLITANDRE, ARMANDE, HENRIETTE.

HENRIETTE

Pour me tirer d'un doute où me jette ma sœur,
Entre elle et moi, Clitandre, expliquez[1] votre cœur,
Découvrez-en le fond, et nous daignez[2] apprendre
Qui de nous à vos vœux est en droit de prétendre.

ARMANDE

125 Non, non, je ne veux point à votre passion
Imposer la rigueur d'une explication :
Je ménage les gens et sais comme[3] embarrasse
Le contraignant effort de ces aveux en face.

CLITANDRE, à Armande.

Non madame[4], mon cœur, qui dissimule peu,
130 Ne sent nulle contrainte à faire un libre aveu ;
Dans aucun embarras un tel pas[5] ne me jette,
Et j'avouerai tout haut, d'une âme franche et nette,
Que les tendres liens où[6] je suis arrêté[7],
        (Montrant Henriette.)
Mon amour et mes vœux[8], sont tout de ce côté.
135 Qu'à nulle émotion[9] cet aveu ne vous porte :
Vous avez bien voulu les choses de la sorte.

---

1. *Expliquez* : manifestez, exprimez (ce que votre cœur ressent).
2. *Nous daignez* : daignez nous.
3. *Comme* : combien.
4. *Madame* : expression également destinée aux femmes non mariées de la bonne société, au xviie siècle.
5. *Pas* : situation.
6. *Où* : dans lesquels.
7. *Arrêté* : retenu.
8. *Mon amour et mes vœux* : ces deux mots se distinguent car l'un est spontané tandis que l'autre implique une réflexion.
9. *Émotion* : mouvement d'humeur.

Vos attraits m'avaient pris[1], et mes tendres soupirs[2]
Vous ont assez prouvé l'ardeur de mes désirs ;
Mon cœur vous consacrait une flamme immortelle ;
140 Mais vos yeux n'ont pas cru leur conquête assez belle.
J'ai souffert sous leur joug[3] cent mépris différents :
Ils régnaient sur mon âme en superbes[4] tyrans ;
Et je me suis cherché, lassé de tant de peines,
Des vainqueurs plus humains et de moins rudes chaînes[5].

(Montrant Henriette.)

145 Je les ai rencontrés, madame, dans ces yeux,
Et leurs traits[6] à jamais me seront précieux ;
D'un regard pitoyable[7] ils ont séché mes larmes
Et n'ont pas dédaigné le rebut[8] de vos charmes.
De si rares bontés m'ont si bien su toucher
150 Qu'il n'est rien qui me puisse à mes fers arracher ;
Et j'ose maintenant vous conjurer[9], madame,
De ne vouloir tenter nul effort sur ma flamme,
De ne point essayer à[10] rappeler un cœur
Résolu de mourir dans cette douce ardeur.

ARMANDE

155 Hé ! qui vous dit, monsieur, que l'on[11] ait cette envie,

---

1. *Pris :* rendu amoureux.
2. *Soupirs :* soupir au sens propre, puis manifestation, aveu du sentiment amoureux.
3. *Joug :* domination.
4. *Superbes :* orgueilleux.
5. *Chaînes :* liens amoureux.
6. *Traits :* aspect ou flèches (dans la poésie amoureuse des XVIe et XVIIe siècles, les yeux d'une belle lancent des flèches qui vont au cœur de l'amant).
7. *Pitoyable :* plein de pitié.
8. *Rebut :* ce que vos charmes ont rebuté, repoussé.
9. *Conjurer :* supplier.
10. *Essayer à :* nous dirions aujourd'hui « essayer de ».
11. *On :* je (nuance ironique).

Et que de vous enfin si fort on se soucie ?
Je vous trouve plaisant[1] de vous le figurer,
Et bien impertinent de me le déclarer.

HENRIETTE

Hé ! doucement, ma sœur. Où donc est la morale
160 Qui sait si bien régir la partie animale[2]
Et retenir la bride[3] aux efforts du courroux[4] ?

ARMANDE

Mais vous, qui m'en parlez, où la pratiquez-vous[5],
De répondre à l'amour que l'on vous fait paraître
Sans le congé[6] de ceux qui vous ont donné l'être ?
165 Sachez que le devoir vous soumet à leurs lois,
Qu'il ne vous est permis d'aimer que par leur choix,
Qu'ils ont sur votre cœur l'autorité suprême,
Et qu'il est criminel d'en disposer vous-même.

HENRIETTE

Je rends grâce aux bontés que vous me faites voir[7]
170 De m'enseigner si bien les choses du devoir.
Mon cœur sur vos leçons veut régler sa conduite ;
Et, pour vous faire voir, ma sœur, que j'en profite,
Clitandre, prenez soin d'appuyer votre amour[8]
De l'agrément de ceux dont j'ai reçu le jour ;

---

1. *Plaisant :* comique.
2. *Régir la partie animale :* dominer la partie animale de l'être humain (voir vers 47).
3. *Retenir la bride :* mettre un frein à, refréner.
4. *Courroux :* colère.
5. *Où la pratiquez-vous :* en quoi la pratiquez-vous.
6. *Sans le congé :* sans la permission.
7. *Que vous me faites voir :* que vous me témoignez.
8. *Appuyer votre amour de :* rendre votre amour plus fort par l'appui de.

175 Faites-vous sur mes vœux un pouvoir légitime[1]
Et me donnez[2] moyen de vous aimer sans crime.

CLITANDRE

J'y vais de tous mes soins travailler hautement[3],
Et j'attendais de vous ce doux consentement.

ARMANDE

Vous triomphez, ma sœur, et faites une mine
180 À vous imaginer[4] que cela me chagrine.

HENRIETTE

Moi, ma sœur ? point du tout. Je sais que sur vos sens
Les droits de la raison sont toujours tout-puissants,
Et que, par les leçons qu'on prend dans la sagesse,
Vous êtes au-dessus d'une telle faiblesse,
185 Loin de vous soupçonner d'aucun chagrin[5], je croi
Qu'ici vous daignerez vous employer pour moi,
Appuyer sa demande et de votre suffrage[6]
Presser l'heureux moment de notre mariage.
Je vous en sollicite[7], et, pour y travailler...

ARMANDE

190 Votre petit esprit se mêle de railler[8],
Et d'un cœur qu'on vous jette on vous voit toute fière.

HENRIETTE

Tout jeté qu'est ce cœur, il ne vous déplaît guère ;

---

1. *Faites-vous sur mes vœux un pouvoir légitime* : obtenez un pouvoir légitime sur mon amour (en en informant mes parents).
2. *Me donnez* : donnez-moi.
3. *Hautement* : résolument, fermement.
4. *À vous imaginer* : à faire croire que vous imaginez.
5. *Chagrin* : mauvaise humeur, irritation.
6. *Suffrage* : approbation, soutien.
7. *Je vous en sollicite* : je vous presse de l'accomplir.
8. *Railler* : plaisanter.

Et si vos yeux sur moi le pouvaient ramasser,
Ils prendraient aisément le soin de se baisser.

ARMANDE

195 À répondre à cela je ne daigne descendre,
Et ce sont sots discours qu'il ne faut pas entendre.

HENRIETTE

C'est fort bien fait à vous[1], et vous nous faites voir
Des modérations[2] qu'on ne peut concevoir.

---

1. *C'est fort bien fait à vous* : grand bien vous fasse, tant mieux pour vous.
2. *Des modérations* : des témoignages de modération. (Le pluriel donne un sens plus concret au mot ; voir vers 57.)

Acte I scène 2

INTÉRÊT DRAMATIQUE DE LA SCÈNE : CLITANDRE, EXPLIQUEZ-VOUS !

1. Quel est l'intérêt majeur de la confrontation Armande-Clitandre ?
2. Cette scène progresse-t-elle vraiment ? Pourquoi ?

LE LANGAGE : CÉRÉMONIALS ET MOTS D'AMOUR

3. Confrontez les passages suivants : vers 127-128 (Armande) et vers 131-134 (Clitandre). De quelle attitude amoureuse chaque passage relève-t-il ? En quoi les verbes *ménager* (v. 127) et *avouer* (v. 132) peuvent-ils résumer cette attitude ?
4. Dans les vers 145-154, comment Clitandre dépeint-il la cour amoureuse qu'il a engagée à l'égard d'Henriette ? (Opposez-en le vocabulaire à celui du passage 135-144.)
5. En quoi les vers 149-150 sont-ils contradictoires ? Que montrent-ils à propos du langage amoureux au théâtre, au XVIIe siècle ?
6. Relevez les termes du lexique amoureux et rangez-les dans un tableau de ce type :

Siège du sentiment amoureux	Désignation du sentiment amoureux	Expression du sentiment amoureux	Indifférence au sentiment amoureux	Objet du désir amoureux	Emprise contraignante du désir amoureux

PSYCHOLOGIE

7. En vous appuyant sur les éléments suivants (v. 151-154 Clitandre ; v. 192-194 Henriette), que pouvez-vous dire des sentiments profonds d'Armande ?
8. À quel argument Armande a-t-elle recours pour empêcher le mariage de Clitandre avec Henriette ?
9. Pensez-vous qu'Henriette mise réellement sur l'aide demandée à Armande (v. 185-189) ? Opposez cette demande à celle qu'elle fait auprès de Clitandre (v. 173-176).

SCÈNE 3. CLITANDRE, HENRIETTE.

HENRIETTE

Votre sincère aveu ne l'a pas peu surprise.

CLITANDRE

franchise —

200 Elle mérite assez[1] une telle franchise,
Et toutes les hauteurs[2] de sa folle fierté
Sont dignes tout au moins[3] de ma sincérité.
Mais puisqu'il m'est permis, je vais à votre père,
Madame...

HENRIETTE

Le plus sûr est de gagner[4] ma mère :
205 Mon père est d'une humeur[5] à consentir à tout,
Mais il met peu de poids aux choses qu'il résout[6] ;
Il a reçu du ciel certaine[7] bonté d'âme
Qui le soumet d'abord[8] à ce que veut sa femme ;
C'est elle qui gouverne, et d'un ton absolu
210 Elle dicte pour loi[9] ce qu'elle a résolu.
Je voudrais bien vous voir pour elle et pour ma tante
Une âme, je l'avoue, un peu plus complaisante,
Un esprit qui, flattant les visions[10] du leur,
Vous pût de leur estime attirer la chaleur.

---

1. *Assez* : tout à fait.
2. *Hauteurs* : manifestations hautaines, méprisantes.
3. *Tout au moins* : pour le moins.
4. *Gagner* : gagner à notre cause, mettre de notre côté.
5. *Humeur* : tempérament, caractère.
6. *Qu'il résout* : qu'il décide.
7. *Certaine bonté* : une certaine bonté.
8. *D'abord* : immédiatement.
9. *Pour loi* : comme une loi.
10. *Visions* : idées extravagantes, chimériques.

CLITANDRE

215 Mon cœur n'a jamais pu, tant il est né sincère,
Même dans votre sœur[1] flatter leur caractère,
Et les femmes docteurs[2] ne sont point de mon goût.
Je consens qu'une femme ait des clartés de tout,
Mais je ne lui veux point la passion choquante
220 De se rendre savante afin d'être savante[3],
Et j'aime que souvent, aux questions qu'on fait,
Elle sache ignorer les choses qu'elle sait ;
De son étude enfin je veux qu'elle se cache,
Et qu'elle ait du savoir sans vouloir qu'on le sache,
225 Sans citer les auteurs, sans dire de grands mots
Et clouer de l'esprit[4] à ses moindres propos.
Je respecte beaucoup madame votre mère,
Mais je ne puis du tout approuver sa chimère
Et me rendre l'écho[5] des choses qu'elle dit,
230 Aux encens[6] qu'elle donne à son héros d'esprit.
Son monsieur Trissotin me chagrine[7], m'assomme,
Et j'enrage de voir qu'elle estime un tel homme,
Qu'elle nous mette au rang des grands et beaux esprits
Un benêt dont partout on siffle[8] les écrits,
235 Un pédant dont on voit la plume libérale[9]
D'officieux papiers fournir toute la halle[10].

---

1. *Dans votre sœur :* chez votre sœur.
2. *Docteur :* grade le plus élevé du cycle universitaire.
3. *Se rendre ... savante :* apprendre uniquement pour briller en société.
4. *Clouer de l'esprit :* « étaler » sa science.
5. *Se rendre l'écho de :* se faire l'écho de, être d'accord.
6. *Aux encens :* aux compliments.
7. *Me chagrine :* m'agace, me met de mauvaise humeur.
8. *Siffle :* se moque de.
9. *Libéral :* généreux (ici, plume qui écrit trop...).
10. *D'officieux ... halle :* papiers qui servent à envelopper les marchandises au marché.

HENRIETTE

Ses écrits, ses discours, tout m'en semble ennuyeux,
Et je me trouve assez votre goût et vos yeux[1] ;
Mais, comme sur ma mère il a grande puissance,
240 Vous devez vous forcer à quelque complaisance.
Un amant fait sa cour où s'attache son cœur[2] ;
Il veut de tout le monde y gagner la faveur[3],
Et, pour n'avoir personne à sa flamme contraire[4],
Jusqu'au chien du logis il s'efforce de plaire.

CLITANDRE

245 Oui, vous avez raison ; mais monsieur Trissotin
M'inspire au fond de l'âme un dominant chagrin[5].
Je ne puis consentir, pour gagner ses suffrages,
À me déshonorer en prisant[6] ses ouvrages ;
C'est par eux qu'à mes yeux il a d'abord paru,
250 Et je le connaissais avant que[7] l'avoir vu.
Je vis, dans le fatras des écrits qu'il nous donne,
Ce qu'étale en tous lieux sa pédante personne,
La constante hauteur de sa présomption[8],
Cette intrépidité de bonne opinion[9],
255 Cet indolent[10] état de confiance extrême

---

1. *Et ... yeux :* j'ai les mêmes goûts, la même vision des choses que vous.
2. *Où s'attache son cœur :* là où habite la personne que son cœur aime.
3. *Faveur :* bienveillance.
4. *À sa flamme contraire :* contre son amour.
5. *Dominant chagrin :* irritation qui domine tout autre sentiment.
6. *Prisant :* estimant.
7. *Avant que :* avant de.
8. *La ... présomption :* l'importance de son orgueil.
9. *Intrépidité de bonne opinion :* assurance dans la bonne opinion de soi-même.
10. *Indolent :* sans inquiétude, sans doutes.

41

Qui le rend en tout temps si content de soi-même,
Qui fait qu'à son mérite incessamment il rit[1],
Qu'il se sait si bon gré de[2] tout ce qu'il écrit,
Et qu'il ne voudrait pas changer sa renommée
260 Contre tous les honneurs d'un général d'armée.

HENRIETTE

C'est avoir de bons yeux que de voir tout cela.

CLITANDRE

Jusques à sa figure encor[3] la chose alla[4],
Et je vis, par les vers qu'à la tête il nous jette,
De quel air il fallait que fût fait le poète ;
265 Et j'en avais si bien deviné tous les traits
Que, rencontrant un homme un jour dans le Palais[5],
Je gageai que c'était Trissotin en personne,
Et je vis qu'en effet la gageure[6] était bonne.

HENRIETTE

Quel conte !

CLITANDRE

       Non : je dis la chose comme elle est.
270 Mais je vois votre tante. Agréez, s'il vous plaît,
Que mon cœur lui déclare ici notre mystère
Et gagne sa faveur auprès de votre mère.

---

1. *Rit :* se réjouit.
2. *Se sait si bon gré de :* se félicite de.
3. *Encor :* orthographe prosodique.
4. *Jusques ... alla :* j'en devinai jusqu'à sa figure (par la seule lecture de ses ouvrages).
5. *Palais :* le Palais de Justice comportait des galeries commerçantes où l'on trouvait des libraires, fréquentés par les écrivains et les gens du monde.
6. *Gageure :* pari.

Acte I scène 3

INTÉRÊT DRAMATIQUE DE LA SCÈNE...

1. Le simple dialogue de la scène 3 fait surgir les silhouettes des autres personnages de la pièce. Quels sont les personnages inconnus évoqués dans cette scène ? Quels sont ceux qui seraient susceptibles de « débloquer » la situation ?

2. Pourquoi cette scène peut-elle apparaître comme une complication de la précédente ?

LES ABSENTS

3. *Le père*. Pourquoi le père d'Henriette ne correspond-il pas aux personnages paternels de la comédie traditionnelle ? (Aspects positifs ? Aspects négatifs ?). En quel sens la remarque d'Henriette (v. 204) modifie-t-elle le schéma de la demande en mariage ?

4. *La mère*. Pourquoi la mère d'Henriette ne correspond-elle pas aux personnages maternels de la comédie traditionnelle ? Quels sont les éléments marquant la modification du rapport homme-femme ou père-mère ?

Quelle est la nature des griefs de Clitandre à l'égard de la mère d'Henriette ? La tirade de Clitandre répond-elle au titre de la pièce ?

Justifiez votre réponse par des citations précises. Le savoir féminin est-il entièrement remis en cause ?

5. *Monsieur Trissotin*. À quel moment Henriette montre-t-elle que le résultat de la demande en mariage dépend en partie de monsieur Trissotin ? De quelle nature paraît être le pouvoir exercé par Trissotin sur la mère d'Henriette ?

6. *Bélise*. Qui est le personnage de Bélise ? Que conseille Henriette à Clitandre à son propos ?

LE PÉDANTISME DE MONSIEUR TRISSOTIN...

7. Monsieur Trissotin est qualifié de « pédant » par Clitandre (v. 235). Relevez les éléments du portrait qui le prouvent.

8. Quel est le titre ironique donné à la mère d'Henriette par Clitandre ?

9. Pourquoi les remarques de Clitandre sont-elles comiques (v. 250/v. 262-264) ? Quel effet ont-elles sur le spectateur-lecteur ?

NATURE DE LA RIVALITÉ CLITANDRE-TRISSOTIN

10. Combien de vers prononcés par Clitandre dans cette scène concernent-ils monsieur Trissotin ? Qu'en pensez-vous ?

11. Le portrait-charge de Trissotin est-il seulement comique ? Quelle peur cette véritable obsession à propos de Trissotin cache-t-elle chez Clitandre ?

12. Quel est l'effet de l'interruption d'Henriette (v. 269) ? Que souligne-t-elle ?

SCÈNE 4. CLITANDRE, BÉLISE.

CLITANDRE

Souffrez, pour vous parler, madame, qu'un amant[1]
Prenne l'occasion de cet heureux moment
275 Et se découvre à vous de[2] la sincère flamme...

BÉLISE

Ah ! tout beau[3] ! Gardez-vous de m'ouvrir trop votre âme.
Si je vous ai su mettre au rang de mes amants,
Contentez-vous des yeux pour vos seuls truchements[4],
Et ne m'expliquez point par un autre langage
280 Des désirs qui chez moi[5] passent pour un outrage.
Aimez-moi, soupirez, brûlez pour mes appas[6] ;
Mais qu'il me soit permis de ne le savoir pas.
Je puis fermer les yeux sur vos flammes[7] secrètes,
Tant que vous vous tiendrez aux muets interprètes[8] ;
285 Mais, si la bouche vient à s'en vouloir mêler,
Pour jamais[9] de ma vue il vous faut exiler.

CLITANDRE

Des projets de mon cœur ne prenez point d'alarme.
Henriette, madame, est l'objet[10] qui me charme,

---

1. *Amant :* amoureux.
2. *Se découvre à vous de :* vous révèle.
3. *Tout beau ! :* doucement, s'il vous plaît !
4. *Truchements :* interprètes. (Contentez-vous de me dire votre amour seulement avec les yeux.)
5. *Chez moi :* selon moi.
6. *Brûlez pour mes appas :* ressentez de l'amour pour mes charmes.
7. *Flammes :* désirs.
8. *Muets interprètes :* manifestations muettes (d'amour).
9. *Pour jamais :* à tout jamais.
10. *Objet :* personne aimée.

Et je viens ardemment conjurer vos bontés
290 De seconder l'amour que j'ai pour ses beautés.

BÉLISE

Ah ! certes, le détour est d'esprit, je l'avoue.
Ce subtil faux-fuyant mérite qu'on le loue ;
Et, dans tous les romans[1] où j'ai jeté les yeux,
Je n'ai rien rencontré de plus ingénieux.

CLITANDRE

295 Ceci n'est point du tout un trait d'esprit, madame,
Et c'est un pur aveu de ce que j'ai dans l'âme.
Les cieux, par les liens d'une immuable ardeur,
Aux beautés d'Henriette ont attaché mon cœur ;
Henriette me tient sous son aimable empire[2],
300 Et l'hymen d'Henriette[3] est le bien où j'aspire.
Vous y pouvez beaucoup, et tout ce que je veux,
C'est que vous y[4] daigniez favoriser mes vœux.

BÉLISE

Je vois où doucement veut aller la demande,
Et je sais sous ce nom ce qu'il faut que j'entende[5].
305 La figure[6] est adroite et, pour n'en point sortir,
Aux choses[7] que mon cœur m'offre à vous repartir[8],
Je dirai qu'Henriette à l'hymen est rebelle,
Et que sans rien prétendre il faut brûler pour elle.

---

1. *Romans* : les romans sentimentaux et « précieux », en vogue lors
de la jeunesse de Bélise, et même avant (*l'Astrée*, d'Honoré d'Urfé
(1607-1610) ; *le Grand Cyrus* (1649-1653) et *Clélie* (1654-1660),
de Mlle de Scudéry).
2. *Sous son empire* : en son pouvoir.
3. *Hymen d'Henriette* : mariage avec Henriette.
4. *Y* : en cela, à propos de ce mariage.
5. *J'entende* : je comprenne.
6. *La figure* : l'image.
7. *Aux choses* : parmi les choses.
8. *Repartir* : répliquer.

CLITANDRE

Eh ! madame, à quoi bon un pareil embarras[1] ?
310 Et pourquoi voulez-vous penser ce qui n'est pas ?

BÉLISE

Mon Dieu, point de façons : cessez de vous défendre
De ce que vos regards m'ont souvent fait entendre.
Il suffit que l'on est[2] contente du détour
Dont s'est adroitement avisé votre amour,
315 Et que, sous la figure où le respect l'engage,
On veut bien se résoudre à souffrir son hommage[3],
Pourvu que ses transports[4], par l'honneur éclairés[5],
N'offrent à mes autels[6] que des vœux épurés.

CLITANDRE

Mais...

BÉLISE

Adieu. Pour ce coup[7], ceci doit vous suffire,
320 Et je vous ai plus dit que je ne voulais dire.

CLITANDRE

Mais votre erreur...

BÉLISE

Laissez. Je rougis maintenant
Et ma pudeur s'est fait[8] un effort surprenant.

---

1. *Embarras :* complication.
2. *L'on est :* je sois.
3. *Hommage :* témoignage.
4. *Transports :* ici, expressions.
5. *Éclairés :* animés, conduits.
6. *Autels :* à ma personne (considérée comme une divinité, à qui on célèbre un culte amoureux).
7. *Pour ce coup :* pour cette fois.
8. *S'est fait :* fait sur elle-même.

CLITANDRE

Je veux être pendu si je vous aime, et sage...

BÉLISE

Non, non, je ne veux rien entendre davantage.

(Elle sort.)

CLITANDRE

325 Diantre[1] soit de la folle avec ses visions[2] !
A-t-on rien vu d'égal à ses préventions[3] ?
Allons commettre un autre au soin[4] que l'on me donne,
Et prenons le secours d'une sage personne.

---

1. *Diantre :* signifie « diable », qu'on n'osait prononcer par peur du sacrilège, et qu'on déformait en « diantre ».
2. *Visions :* idées extravagantes, chimères.
3. *Préventions :* idées toutes faites, préconçues.
4. *Commettre un autre au soin :* charger quelqu'un d'autre du soin (de l'aide).

Acte 1 scène 4

INTÉRÊT DRAMATIQUE DE LA SCÈNE

1. Quel est le but de Clitandre quand il aborde Bélise, la tante d'Henriette ? Parvient-il à mener à bonne fin ce qu'il avait projeté ?

2. La scène est-elle importante pour la résolution de la complication survenue à la scène précédente ? Quel est le ton de cette scène ?

3. Dans quel dessein dramatique Molière a-t-il créé cette scène, selon vous ?

LE QUIPROQUO

4. Soulignez l'ambiguïté des vers 273-275 et comparez-en le vocabulaire à celui employé par Clitandre lors de l'évocation de ses deux cours successives, à la scène 2.

5. Quelles sont les raisons qui devraient incliner Bélise à penser que la « flamme » de Clitandre ne brûle guère pour elle ?

6. Aux vers 297-300, Clitandre semble marteler son discours du prénom d'Henriette. Pourquoi ? Quelle est la réaction de Bélise ? Qu'en concluez-vous à propos de la psychologie de Bélise ?

L'AMOUR PRÉCIEUX

7. En quoi la conception des liens amoureux par Bélise rejoint-elle celle d'Armande ? (voir v. 101-104 sc. 1, et v. 125-128, 140-142 sc. 2). D'où Bélise tire-t-elle sa « science » des liens amoureux ? Qu'en pensez-vous ?

8. En vous appuyant sur les vers 291-292, 303-305, 313-315, dites comment s'exprime le sentiment amoureux en langage précieux.

9. En comparant l'attitude que Bélise souhaite voir adopter à Clitandre (v. 311-312) et celle qu'elle tient à adopter elle-même (v. 321-322 et 324), définissez le rôle de l'homme et de la femme dans le code précieux de l'amour.

10. Relevez le vocabulaire utilisé par Bélise dans la leçon de préciosité qu'elle donne à Clitandre et rangez-le dans un tableau de ce type :

Mutisme et conservation du secret	Expression discrète du sentiment (euphémisme)	Expression détournée du sentiment (allusion, stratagème)	Dévotion du soupirant	Élévation de l'amante	Intellectualisation du sentiment

11. Quelle est l'attitude de Clitandre face à ce code et à son utilisation par Bélise ? Comment Clitandre juge-t-il Bélise ?

Questions sur l'ensemble de l'acte I

1. Quel est l'enjeu de ce premier acte ?
2. Quel moyen les personnages concernés par cet enjeu ont-ils utilisé et auprès de qui ?
3. Quels sont les personnages qui semblent essentiels à l'action et qui ne sont pas encore entrés en scène ?
4. Dans quel but, selon vous, Molière a-t-il choisi de différer leur entrée en scène ? Comment sa maîtrise du théâtre se manifeste-t-elle ici ?
5. Quelle est la (ou quelles sont) la (les) scène(s) relevant de la comédie pure ?
6. Définissez les termes suivants et voyez en quoi ils peuvent s'appliquer à tout ou partie de chaque scène représentée : comique de caractère, comique de situation, satire, drame bourgeois.
7. Les personnages déjà apparus sur scène ou ceux qui ont simplement été évoqués sont susceptibles d'être rangés en opposants/assistants à l'enjeu du premier acte.
Répartissez-les dans un tableau, après avoir précisé l'enjeu.

Acte II

SCÈNE PREMIÈRE. ARISTE.

ARISTE

Oui, je vous porterai la réponse au plus tôt.
330 J'appuierai, presserai, ferai tout ce qu'il faut.
Qu'un amant, pour un mot, a de choses à dire,
Et qu'impatiemment il veut ce qu'il désire !
Jamais...

SCÈNE 2. CHRYSALE, ARISTE.

ARISTE

Ah ! Dieu vous gard'[1], mon frère.

CHRYSALE

Et vous aussi,
Mon frère.

ARISTE

Savez-vous ce qui m'amène ici ?

CHRYSALE

335 Non ; mais si vous voulez, je suis prêt à l'apprendre.

ARISTE

Depuis assez longtemps vous connaissez Clitandre ?

CHRYSALE

Sans doute, et je le vois qui fréquente chez nous[2].

---

1. *Dieu vous gard'(e)* : formule de salut.
2. *Qui fréquente chez nous* : qui y va habituellement.

ARISTE

En quelle estime[1] est-il, mon frère, auprès de vous ?

CHRYSALE

D'homme d'honneur, d'esprit, de cœur, et de conduite[2] ;
340 Et je vois peu de gens qui soient de son mérite.

ARISTE

Certain désir qu'il a conduit ici mes pas,
Et je me réjouis que vous en fassiez cas.

CHRYSALE

Je connus feu son père en mon voyage à Rome.

ARISTE

Fort bien.

CHRYSALE

C'était, mon frère, un fort bon gentilhomme.

ARISTE

345 On le dit.

CHRYSALE

Nous n'avions alors que vingt-huit ans,
Et nous étions, ma foi, tous deux de verts galants[3].

ARISTE

Je le crois.

CHRYSALE

Nous donnions chez[4] les dames romaines.
Et tout le monde là parlait de nos fredaines ;
Nous faisions des jaloux.

---

1. *Estime* : opinion (bonne ou mauvaise) que l'on a de quelqu'un.
2. *D'homme ... conduite* : il a pour moi la réputation d'homme
d'honneur, d'esprit, de cœur et une manière d'agir raisonnée.
3. *Vert galant* : jeune homme ardent.
4. *Donnions chez* : nous nous passionnions pour.

ARISTE

Voilà qui va des mieux[1].
350 Mais venons au sujet qui m'amène en ces lieux.

SCÈNE 3. BÉLISE, *entrant doucement et écoutant ;*
CHRYSALE, ARISTE.

ARISTE

Clitandre auprès de vous me fait son interprète,
Et son cœur est épris des grâces d'Henriette.

CHRYSALE

Quoi ! de ma fille ?

ARISTE

Oui ; Clitandre en est charmé,
Et je ne vis jamais amant plus enflammé.

BÉLISE, *à Ariste.*

355 Non, non, je vous entends. Vous ignorez l'histoire,
Et l'affaire n'est pas ce que vous pouvez croire.

ARISTE

Comment, ma sœur ?

BÉLISE

Clitandre abuse vos esprits,
Et c'est d'un autre objet que son cœur est épris.

ARISTE

Vous raillez. Ce n'est pas Henriette qu'il aime ?

BÉLISE

360 Non, j'en suis assurée.

ARISTE

Il me l'a dit lui-même.

---

1. *Qui va des mieux :* qui est au mieux (voilà qui est au mieux).

BÉLISE

Eh ! oui.

ARISTE

Vous me voyez, ma sœur, chargé par lui
D'en faire la demande à son père aujourd'hui.

BÉLISE

Fort bien.

ARISTE

Et son amour même m'a fait instance[1]
De presser les moments d'une telle alliance.

BÉLISE

365 Encor mieux. On ne peut tromper plus galamment.
Henriette, entre nous, est un amusement,
Un voile ingénieux, un prétexte, mon frère,
À couvrir d'autres feux dont je sais le mystère,
Et je veux bien tous deux vous mettre hors d'erreur.

ARISTE

370 Mais puisque vous savez tant de choses, ma sœur,
Dites-nous, s'il vous plaît, cet autre objet qu'il aime.

BÉLISE

Vous le voulez savoir ?

ARISTE

Oui. Quoi ?

BÉLISE

Moi.

ARISTE

Vous ?

BÉLISE

Moi-même.

---

1. *M'a fait instance de :* solliciter de manière urgente.

ARISTE

Hai[1], ma sœur !

BÉLISE

        Qu'est-ce donc que veut dire ce hai ?
Et qu'a de surprenant le discours que je fais ?
375 On[2] est faite d'un air[3], je pense, à pouvoir dire
Qu'on n'a pas pour un cœur[4] soumis à son empire ;
Et Dorante, Damis, Cléonte et Lycidas[5]
Peuvent bien faire voir qu'on a quelques appas.

ARISTE

Ces gens vous aiment ?

BÉLISE

      Oui, de toute leur puissance.

ARISTE

380 Ils vous l'ont dit ?

BÉLISE

        Aucun n'a pris cette licence[6] :
Ils m'ont su révérer si fort jusqu'à ce jour
Qu'ils ne m'ont jamais dit un mot de leur amour.
Mais, pour m'offrir leur cœur et vouer leur service,
Les muets truchements[7] ont tous fait leur office.

ARISTE

385 On ne voit presque point céans[8] venir Damis.

---

1. *Hai :* exclamation amusée (même sens que hé).
2. *On :* je.
3. *Air :* apparence, manière d'être.
4. *Pour un cœur :* seulement un cœur (je n'ai pas qu'un seul amoureux !).
5. *Et Dorante ... Lycidas :* prénoms à l'antique, désignant souvent des jeunes premiers de comédie.
6. *Licence :* liberté, hardiesse.
7. *Truchements :* interprètes, témoignages.
8. *Céans :* ici, dans cette maison.

BÉLISE

C'est pour me faire voir un respect plus soumis.

ARISTE

De mots piquants[1] partout Dorante vous outrage[2].

BÉLISE

Ce sont emportements d'une jalouse rage.

ARISTE

Cléonte et Lycidas ont pris femme tous deux.

BÉLISE

390 C'est par un désespoir où j'ai réduit leurs feux.

ARISTE

Ma foi, ma chère sœur, vision toute claire[3].

CHRYSALE, *à Bélise*.

De ces chimères-là vous devez[4] vous défaire.

BÉLISE

Ah ! chimères ? Ce sont des chimères, dit-on ?
Chimères, moi ? Vraiment, chimères est fort bon !
395 Je me réjouis fort de chimères[5], mes frères,
Et je ne savais pas que j'eusse des chimères.

---

1. *Piquant :* blessant.
2. *Outrage :* offense, atteint votre réputation.
3. *Vision toute claire :* illusion pure et simple.
4. *Vous devez :* vous devriez (valeur de conditionnel de l'indicatif présent).
5. *Je me réjouis fort de chimères :* l'emploi que vous faites de « chimères » m'amuse.

Acte II scènes 1, 2 et 3

« J'APPUIERAI, PRESSERAI... »

1. Ariste apparaît, scène 1, parlant à quelqu'un qui est resté dans la coulisse. À qui s'adresse-t-il ? Quand la majeure partie de l'entretien s'est-elle déroulée ? Pourquoi Molière use-t-il de ce procédé, selon vous ? Sait-on sur quoi l'entretien a porté ?

2. Cette scène comme la scène finale de l'acte I, permettent-elles d'imaginer facilement la psychologie d'Ariste ? Que ressent-on à ce moment de la pièce ? Pourquoi ?

MON FRÈRE, SI JE VOUS DIS CLITANDRE...

3. Ariste a été chargé par Clitandre d'exposer ses vœux à Chrysale, scène 2. Comment aborde-t-il habilement le sujet avec son interlocuteur ? Quel vers évoque assez bien les intentions de Clitandre ? Comment réagit Chrysale ? Quels aspects de son caractère manifeste sa réaction ? En quoi le début du v. 353 précise-t-il encore son caractère ?

4. À quelle situation présente (évoquée par Henriette v. 205-210) la digression nostalgique des vers 343-349 s'oppose-t-elle ? Qu'est-ce que la digression apporte à son auteur, selon vous ?

5. Rapprochez les vers 334 et 350. Qu'en concluez-vous sur l'importance de la scène pour l'action ?

« AH ! CHIMÈRES ? »

6. Ariste fait-il bien part de la nature des sentiments de Clitandre à l'égard d'Henriette ? Justifiez votre réponse.

7. La brusque intervention de leur sœur (sc. 3) étonne-t-elle les deux frères au même point ?

8. Quels sont les arguments opposés par Ariste à sa sœur pour lui faire comprendre qu'il connaît les sentiments de Clitandre ? Quel est l'argument apparemment décisif fourni par Bélise ?

9. Qu'est-ce qui fait la différence des deux témoignages ? Montrez, en effectuant un rapprochement avec la scène 4 de l'acte I, que Bélise applique aveuglément la théorie précieuse de l'amour à tous ses contacts avec les hommes. Quel est le jugement porté par les deux frères sur leur sœur ? Quelle est la réaction de Bélise ? Que marque la répétition du mot « chimère » ?

10. La scène 3 fait-elle évoluer l'action ? Par quels moyens (ton, informations sur la situation, les personnages...) ?

SCÈNE 4.   CHRYSALE, ARISTE.

CHRYSALE

Notre sœur est folle, oui.

ARISTE

Cela croît tous les jours.
Mais encore une fois, reprenons le discours¹.
Clitandre vous demande Henriette pour femme :
400 Voyez quelle réponse on doit faire à sa flamme.

CHRYSALE

Faut-il le demander ? J'y consens de bon cœur,
Et tiens son alliance à singulier honneur².

ARISTE

Vous savez que de bien il n'a pas l'abondance,
Que...

CHRYSALE

C'est un intérêt³ qui n'est pas d'importance :
405 Il est riche en vertu, cela vaut des trésors ;
Et puis son père et moi n'étions qu'un en deux corps.

ARISTE

Parlons à votre femme, et voyons à la rendre
Favorable...

CHRYSALE

Il suffit, je l'accepte pour gendre.

ARISTE

Oui ; mais, pour appuyer votre consentement,
410 Mon frère, il n'est pas mal d'avoir son agrément.
Allons...

---

1. *Discours* : le fil de la conversation.
2. *À singulier honneur* : comme un honneur tout particulier.
3. *Intérêt* : problème.

CHRYSALE

Vous moquez-vous ? Il n'est pas nécessaire.
Je réponds de ma femme, et prends sur moi l'affaire.

ARISTE

Mais...

CHRYSALE

Laissez faire, dis-je, et n'appréhendez pas.
Je la vais disposer aux choses[1] de ce pas.

ARISTE

415 Soit. Je vais là-dessus sonder votre Henriette,
Et reviendrai savoir...

CHRYSALE

C'est une affaire faite.
Et je vais à ma femme en parler sans délai.

SCÈNE 5. MARTINE, CHRYSALE.

MARTINE

Me voilà bien chanceuse[2] ! hélas ! l'on dit bien vrai :
Qui veut noyer son chien l'accuse de la rage,
420 Et service d'autrui n'est pas un héritage[3].

CHRYSALE

Qu'est-ce donc ? Qu'avez-vous, Martine ?

MARTINE

Ce que j'ai ?

---

1. *Aux choses* : à ce que nous avons décidé.
2. *Me voilà bien chanceuse !* : voilà bien ma chance !
3. *Service d'autrui n'est pas un héritage* : être au service de quelqu'un n'est pas un plaisir.

CHRYSALE

Oui.

MARTINE

J'ai que l'on me donne aujourd'hui mon congé,
Monsieur.

CHRYSALE

Votre congé ?

MARTINE

Oui. Madame me chasse.

CHRYSALE

Je n'entends pas cela. Comment ?

MARTINE

On me menace,
425 Si je ne sors d'ici, de me bailler[1] cent coups.

CHRYSALE

Non, vous demeurerez ; je suis content de vous.
Ma femme bien souvent a la tête un peu chaude :
Et je ne veux pas, moi...

---

1. *Bailler :* donner.

Acte II scènes 4 et 5

« JE RÉPONDS DE MA FEMME »

1. Après l'interruption bouffonne due à Bélise, Ariste et Chrysale reprennent leur entretien, scène 4. Quelle est la réponse de Chrysale à la demande de la main d'Henriette faite par procuration ? Que pouvez-vous dire de Chrysale par rapport aux pères de la comédie traditionnelle, en vous appuyant sur les vers 404-405 ?

2. Pourquoi Ariste évoque-t-il le recours à « l'agrément » de la femme de Chrysale ?

3. S'attendait-on à la réaction de Chrysale ? Cette réaction ne s'explique-t-elle pas par un sentiment de Chrysale à l'égard de son frère ?

« QU'AVEZ-VOUS, MARTINE ? »

4. Ariste est parti, laissant Chrysale plein de fermes résolutions. C'est le moment ou jamais de les mettre en pratique... Quelle attitude la scène 5 permet-elle à Chrysale de conserver ?

5. Qu'est-ce que le renvoi d'une domestique sans prendre l'avis du maître de maison laisse penser de la femme de Chrysale ?

6. Quel est l'effet produit par la coupure du vers 428 ? Étudiez-en la teneur (redondance du pronom personnel, verbe de volonté ; verbe de volonté dénué de complément, verbe de volonté nié...).

SCÈNE 6. PHILAMINTE, BÉLISE, CHRYSALE, MARTINE.

PHILAMINTE, *apercevant Martine.*

Quoi ! je vous vois, maraude[1] !
Vite, sortez, friponne ; allons, quittez ces lieux,
430 Et ne vous présentez jamais devant mes yeux.

CHRYSALE

Tout doux !

PHILAMINTE

Non, c'en est fait.

CHRYSALE

Eh !

PHILAMINTE

Je veux qu'elle sorte.

CHRYSALE

Mais qu'a-t-elle commis, pour vouloir[2] de la sorte...

PHILAMINTE

Quoi ! vous la soutenez ?

CHRYSALE

En aucune façon.

PHILAMINTE

Prenez-vous son parti contre moi ?

CHRYSALE

Mon Dieu, non,
435 Je ne fais seulement que demander son crime.

---

1. *Maraude :* canaille, grossier personnage.
2. *Pour vouloir :* pour que vous vouliez.

PHILAMINTE

Suis-je pour[1] la chasser sans cause légitime ?

CHRYSALE

Je ne dis pas cela ; mais il faut de nos gens...

PHILAMINTE

Non, elle sortira, vous dis-je, de céans[2].

CHRYSALE

Hé bien, oui. Vous dit-on quelque chose là-contre[3] ?

PHILAMINTE

440 Je ne veux point d'obstacle aux désirs que je montre.

CHRYSALE

D'accord.

PHILAMINTE

Et vous devez, en raisonnable époux,
Être pour moi contre elle et prendre mon courroux[4].

CHRYSALE

Aussi fais-je[5].
(Se tournant vers Martine.)
Oui, ma femme avec raison vous chasse,

Coquine[6], et votre crime est indigne de grâce.

MARTINE

445 Qu'est-ce donc que j'ai fait ?

---

1. *Suis-je pour :* suis-je capable de.
2. *De céans :* d'ici, de cette maison.
3. *Là-contre :* contre cela.
4. *Prendre mon courroux :* partager ma colère.
5. *Aussi fais-je :* aussi est-ce ce que je fais.
6. *Coquin(e) :* personne malhonnête (sens fort).

Philaminte, jouée par Nicole Ferrand
et Nathalie Bécu dans le rôle de Martine. Mise en scène
de Catherine Hiégel, théâtre de la Porte-Saint-Martin, 1987.

CHRYSALE, *bas.*

Ma foi, je ne sais pas.

PHILAMINTE

Elle est d'humeur[1] encore à n'en faire aucun cas.

CHRYSALE

A-t-elle, pour donner matière à[2] votre haine,
Cassé quelque miroir ou quelque porcelaine[3] ?

PHILAMINTE

Voudrais-je la chasser, et vous figurez-vous
450 Que pour si peu de chose on[4] se mette en courroux ?

CHRYSALE

(À Martine.)
Qu'est-ce à dire ?

(À Philaminte.)
L'affaire est donc considérable ?

PHILAMINTE

Sans doute. Me voit-on[5] femme déraisonnable ?

CHRYSALE

Est-ce qu'elle a laissé, d'un esprit négligent,
Dérober quelque aiguière[6] ou quelque plat d'argent ?

PHILAMINTE

455 Cela ne serait rien.

---

1. *Humeur :* caractère, tempérament.
2. *Donner matière à :* causer.
3. *Quelque miroir ou quelque porcelaine :* objets de grand prix souvent
importés de Venise et de Chine.
4. *On :* je (me mets en colère).
5. *Me voit-on :* est-ce que je suis considérée comme...
6. *Aiguière :* vase muni d'une anse (destiné à verser de l'eau pour se
laver les mains).

CHRYSALE, *à Martine*.

Oh ! oh ! Peste, la belle !

(À Philaminte.)

Quoi ! l'avez-vous surprise à n'être pas fidèle[1] ?

PHILAMINTE

C'est pis que tout cela.

CHRYSALE

Pis que tout cela ?

PHILAMINTE

Pis.

CHRYSALE

Comment, diantre, friponne ! Euh ! a-t-elle commis...

PHILAMINTE

Elle a, d'une insolence à nulle autre pareille,
460 Après trente leçons, insulté[2] mon oreille
Par l'impropriété d'un mot sauvage[3] et bas
Qu'en termes décisifs condamne Vaugelas[4].

CHRYSALE

Est-ce là...

PHILAMINTE

Quoi ! toujours, malgré nos remontrances,
Heurter le fondement de toutes les sciences,
465 La grammaire, qui sait régenter jusqu'aux rois[5]

---

1. *Fidèle :* honnête.
2. *Insulté :* attaqué (ici « écorché »).
3. *Sauvage :* d'une grossièreté de barbare.
4. *Vaugelas :* grammairien français (1585-1650) qui prétendit réformer le langage. Auteur de *Remarques sur la langue française* (1647).
5. *Régenter jusqu'aux rois :* Vaugelas écrivait : « Il n'est permis à qui que ce soit de faire des mots nouveaux, pas même aux souverains. »

Et les fait la main haute[1] obéir à ses lois[2] !

CHRYSALE

Du plus grand des forfaits je la croyais coupable.

PHILAMINTE

Quoi ! vous ne trouvez pas ce crime impardonnable ?

CHRYSALE

Si fait.

PHILAMINTE

Je voudrais bien que vous l'excusassiez[3] !

CHRYSALE

470 Je n'ai garde[4] !

BÉLISE

Il est vrai que ce sont des pitiés[5] :
Toute construction est par elle détruite,
Et des lois du langage on l'a cent fois instruite.

MARTINE

Tout ce que vous prêchez est, je crois, bel et bon ;
Mais je ne saurais, moi, parler votre jargon.

PHILAMINTE

475 L'impudente ! Appeler un jargon le langage
Fondé sur la raison et sur le bel usage !

MARTINE

Quand on se fait entendre on parle toujours bien,
Et tous vos biaux[6] dictons[7] ne servent pas de rien.

---

1. *La main haute* : sans effort.
2. *Lois* : règles.
3. *Excusassiez* : concordance des temps et des modes absolument normale (sans effet comique).
4. *Je n'ai garde* : je n'en ai pas l'intention.
5. *Pitiés* : le pluriel donne une valeur concrète au mot.
6. *Biaux* : beaux (déformation paysanne).
7. *Dictons* : propos, discours.

PHILAMINTE

Hé bien, ne voilà pas encore de son style !
480 « Ne servent pas de rien[1] ! »

BÉLISE

Ô cervelle indocile !
Faut-il qu'avec les soins qu'on prend incessamment[2]
On ne te puisse apprendre à parler congrûment[3] !
De *pas* mis avec *rien* tu fais la récidive[4],
Et c'est, comme on t'a dit, trop d'une négative[5].

MARTINE

485 Mon Dieu ! je n'avons pas étugué[6] comme vous,
Et je parlons[7] tout droit comme on parle cheux nous.

PHILAMINTE

Ah ! peut-on y tenir[8] ?

BÉLISE

Quel solécisme[9] horrible !

PHILAMINTE

En voilà pour tuer une oreille sensible !

---

1. *Rien :* Martine utilise « rien » dans son sens étymologique signifiant
« chose » (ne servent pas à grand chose).
2. *Incessamment :* continuellement.
3. *Congrûment :* correctement.
4. *Récidive :* répétition (avec « rien » tu ne fais que répéter « pas »).
5. *Négative :* négation, particule négative (tu mets une négation en
trop.)
6. *N'avons étugué :* n'ai étudié. Déformation paysanne.
7. *Je parlons :* je parle. Déformation paysanne ou populaire.
8. *Y tenir :* supporter cela.
9. *Solécisme :* faute de grammaire.

BÉLISE

Ton esprit, je l'avoue, est bien matériel[1].
490 *Je* n'est qu'un singulier, *avons* est pluriel.
Veux-tu toute ta vie offenser la grammaire ?

MARTINE

Qui parle d'offenser grand'mère[2] ni grand-père ?

PHILAMINTE

Ô ciel !

BÉLISE

Grammaire est prise[3] à contresens par toi,
Et je t'ai déjà dit d'où vient ce mot.

MARTINE

Ma foi,
495 Qu'il vienne de Chaillot, d'Auteuil ou de Pontoise,
Cela ne me fait rien.

BÉLISE

Quelle âme villageoise !
La grammaire, du verbe et du nominatif[4],
Comme de l'adjectif avec le substantif,
Nous enseigne les lois.

MARTINE

J'ai, madame, à vous dire
500 Que je ne connais point ces gens-là.

---

1. *Matériel* : bas, aussi peu intelligent que la matière.
2. *Grand'mère* : la confusion de Martine s'explique : on prononçait grammaire « granmaire ».
3. *Prise* : on dirait « pris » aujourd'hui, en sous-entendant « le mot » (le mot grammaire est pris...).
4. *Nominatif* : dans les langues qui possèdent une déclinaison, désigne la fonction sujet.

PHILAMINTE

Quel martyre !

BÉLISE

Ce sont les noms des mots, et l'on doit regarder
En quoi c'est qu'il les faut faire ensemble accorder.

MARTINE

Qu'ils s'accordent entre eux, ou se gourment[1], qu'importe ?

PHILAMINTE, *à sa belle-sœur.*

Eh ! mon Dieu, finissez un discours de la sorte.
        (À son mari).
505 Vous ne voulez pas, vous, me la faire sortir ?

CHRYSALE

        (À part.)
Si fait. À son caprice, il me faut consentir.
Va, ne l'irrite point ; retire-toi, Martine.

PHILAMINTE

Comment ! vous avez peur d'offenser la coquine ?
Vous lui parlez d'un ton tout à fait obligeant[2] !

CHRYSALE

        (Haut.)
510 Moi ? point. Allons, sortez.
                (Bas.)
                Va-t'en, ma pauvre enfant.

---

1. *Se gourment :* se battent à coups de poing.
2. *Obligeant :* courtois, aimable.

Acte II scène 6

« VOUS NE VOULEZ PAS, VOUS, ME LA FAIRE SORTIR ? »

1. Quel personnage essentiel à l'action découvrons-nous ? Quels aspects de son caractère, développés dans cette scène connaissons-nous déjà ? Par qui ces aspects nous avaient-ils été révélés (I, 1 et 3 ; II, 4 et 5) ?

2. Chrysale se fait-il donner le motif du renvoi de Martine avant de soutenir la décision de sa femme aux vers 443-444 ?

3. Étudiez l'amenuisement de ses demandes d'élucidation du « crime » (v. 432, 435, 437). Avant de se prononcer en faveur de sa femme, combien de fois Chrysale a-t-il manifesté son approbation à ses propos ?

4. Étudiez la progression de la présomption de culpabilité conçue par Chrysale à l'égard de Martine. Quel côté du personnage révèle-t-elle ? Quels sont les effets de l'évocation du délit par Philaminte après la précédente progression ?

5. Quelles sont les critiques volontaires proférées par Martine à propos du langage des savantes Philaminte et Bélise ? Quelles sont les quatre critiques involontaires adressées par Martine au langage des savantes, et fondées sur un décalage sens propre/sens figuré ? Quel en est l'effet ?

6. Dressez la liste du vocabulaire relatif à la grammaire ou à la littérature prouvant que le langage des savantes est « spécialisé » et forme un jargon au sens moderne du terme ; puis la liste des éléments dialectaux ou populaires émaillant le langage de Martine.

SCÈNE 7. PHILAMINTE, CHRYSALE, BÉLISE.

CHRYSALE

Vous êtes satisfaite, et la voilà partie ;
Mais je n'approuve point une telle sortie[1] :
C'est une fille propre aux choses qu'elle fait,
Et vous me la chassez pour un maigre sujet.

PHILAMINTE

515 Vous voulez que toujours je l'aie à mon service,
Pour mettre[2] incessamment[3] mon oreille au supplice,
Pour rompre toute loi d'usage et de raison
Par un barbare amas de vices d'oraison[4],
De mots estropiés, cousus par intervalles,
520 De proverbes traînés dans les ruisseaux des halles[5] ?

BÉLISE

Il est vrai que l'on sue à souffrir ses discours.
Elle y met Vaugelas en pièces[6] tous les jours ;
Et les moindres défauts de ce grossier génie[7]
Sont ou le pléonasme[8] ou la cacophonie[9].

CHRYSALE

525 Qu'importe qu'elle manque aux lois de Vaugelas,
Pourvu qu'à la cuisine elle ne manque pas ?

---

1. *Sortie :* façon de la faire sortir.
2. *Pour mettre :* pour qu'elle mette.
3. *Incessamment :* continuellement.
4. *Vices d'oraison :* fautes de langage.
5. *Halles :* marchés couverts.
6. *Elle met Vaugelas en pièces :* elle détruit les règles établies par le grammairien Vaugelas.
7. *Génie :* esprit.
8. *Pléonasme :* fait d'utiliser ensemble des mots ayant le même sens.
9. *Cacophonie :* succession de mots au son désagréable.

J'aime bien mieux, pour moi, qu'en épluchant ses
[herbes[1]

Elle accommode mal les noms avec les verbes,
Et redise cent fois un bas ou méchant[2] mot
530 Que de brûler ma viande ou saler trop mon pot[3].
Je vis de bonne soupe et non de beau langage.
Vaugelas n'apprend point à bien faire un potage ;
Et Malherbe et Balzac[4] ; si savants en beaux mots,
En cuisine, peut-être, auraient été des sots.

PHILAMINTE

535 Que ce discours grossier terriblement assomme !
Et quelle indignité, pour ce qui s'appelle homme[5],
D'être baissé sans cesse aux soins[6] matériels,
Au lieu de se hausser vers les spirituels !
Le corps, cette guenille, est-il d'une importance,
540 D'un prix à mériter seulement qu'on y pense ?
Et ne devons-nous pas laisser cela bien loin ?

CHRYSALE

Oui, mon corps est moi-même, et j'en veux prendre
[soin.

Guenille, si l'on veut, ma guenille m'est chère.

BÉLISE

Le corps avec l'esprit fait figure[7], mon frère ;

---

1. *Herbes :* légumes.
2. *Méchant :* mauvais, condamnable.
3. *Pot :* contenu de la marmite.
4. *Malherbe :* poète français (1555-1628) qui modifia la langue
poétique dans le sens de la sobriété. *Guez de Balzac :* écrivain français
(1597-1654) qui créa un style raffiné apprécié dans les salons.
5. *Homme :* être humain en général.
6. *Soins :* occupations.
7. *Fait figure :* forme un ensemble.

Bélise (Zanie Campan) et Philaminte
jouée par Georges Wilson, selon la tradition de Molière,
qui donnait les rôles de vieille femme à un homme.
Mise en scène de Jean Vilar, T.N.P., 1960.

545 Mais, si vous en croyez tout le monde savant,
L'esprit doit sur le corps prendre le pas devant[1],
Et notre plus grand soin[2], notre première instance[3],
Doit être à le nourrir du suc de la science.

CHRYSALE

Ma foi, si vous songez à nourrir votre esprit,
550 C'est de viande bien creuse[4], à ce que chacun dit ;
Et vous n'avez nul soin, nulle sollicitude[5],
Pour...

PHILAMINTE

Ah ! *sollicitude* à mon oreille est rude ;
Il pue étrangement son ancienneté[6].

BÉLISE

Il est vrai que le mot est bien collet monté[7].

CHRYSALE

555 Voulez-vous que je dise ? Il faut qu'enfin j'éclate,
Que je lève le masque et décharge ma rate[8].
De folles on vous traite, et j'ai fort sur le cœur...

PHILAMINTE

Comment donc ?

---

1. *Prendre le pas devant :* prendre le pas sur, l'emporter.
2. *Soin :* préoccupation.
3. *Instance :* souci.
4. *Viande creuse :* nourriture qui laisse le ventre creux, aliment vide de substance.
5. *Sollicitude :* inquiétude (sens approchant de *soin :* souci).
6. *Ancienneté :* le terme « sollicitude » avait été banni du langage précieux car issu d'un français ancien.
7. *Collet monté :* col haut, raidi avec du coton et du fil de fer, démodé au temps de Bélise.
8. *Rate :* au XVIIe siècle, organe censé contenir un liquide causant colère et « mauvaise humeur ».

CHRYSALE, *à Bélise.*

            C'est à vous que je parle, ma sœur.
Le moindre solécisme en parlant[1] vous irrite ;
560 Mais vous en faites, vous[2], d'étranges en conduite[3].
Vos livres éternels ne me contentent pas ;
Et, hors un gros Plutarque[4] à mettre mes rabats[5],
Vous devriez brûler tout ce meuble[6] inutile
Et laisser la science aux docteurs de la ville ;
565 M'ôter, pour faire bien, du grenier de céans
Cette longue lunette à faire peur aux gens,
Et cent brimborions[7] dont l'aspect importune ;
Ne point aller chercher ce qu'on fait dans la lune,
Et vous mêler un peu de ce qu'on fait chez vous,
570 Où nous voyons aller tout sens dessus dessous.
Il n'est pas bien honnête[8], et pour beaucoup de causes,
Qu'une femme étudie et sache tant de choses :
Former aux bonnes mœurs l'esprit de ses enfants,
Faire aller son ménage, avoir l'œil sur ses gens[9],
575 Et régler la dépense avec économie,
Doit être son étude et sa philosophie.
Nos pères, sur ce point, étaient gens bien sensés,
Qui disaient qu'une femme en sait toujours assez
Quand la capacité de son esprit se hausse

---

1. *En parlant :* quand on parle.
2. *Vous :* ce « vous » s'adresse en fait aux deux femmes comme l'indique l'accord au vers 611.
3. *D'étranges en conduite :* d'étranges écarts de conduite.
4. *Un gros Plutarque :* un livre de Plutarque (écrivain grec, v. 50-v. 125 apr. J.-C.).
5. *Rabats :* col que l'on applatissait bien sous de gros livres...
6. *Meuble :* objets divers et encombrants.
7. *Brimborions :* objets inutiles.
8. *Honnête :* convenable.
9. *Gens :* les domestiques.

580 À connaître un pourpoint d'avec un haut-de-chausse[1].
Les leurs ne lisaient point, mais elles vivaient bien ;
Leurs ménages étaient tout leur docte entretien,
Et leurs livres, un dé, du fil et des aiguilles,
Dont elles travaillaient au trousseau de leurs filles.
585 Les femmes d'à présent sont bien loin de ces mœurs :
Elles veulent écrire et devenir auteurs ;
Nulle science n'est pour elles trop profonde,
Et céans beaucoup plus qu'en aucun lieu du monde
Les secrets les plus hauts s'y laissent concevoir,
590 Et l'on sait tout chez moi, hors[2] ce qu'il faut savoir.
On y sait comme vont lune, étoile polaire,
Vénus, Saturne et Mars, dont je n'ai point affaire ;
Et, dans[3] ce vain savoir, qu'on va chercher si loin,
On ne sait comme va mon pot, dont j'ai besoin.
595 Mes gens à la science aspirent pour vous plaire,
Et tous ne font rien moins que ce qu'ils ont à faire[4],
Raisonner est l'emploi de toute ma maison,
Et le raisonnement en bannit la raison[5].
L'un me brûle mon rôt[6] en lisant quelque histoire,
600 L'autre rêve à des vers quand je demande à boire ;
Enfin je vois par eux votre exemple suivi,
Et j'ai des serviteurs et ne suis point servi.
Une pauvre servante au moins m'était restée,
Qui de ce mauvais air[7] n'était point infectée,
605 Et voilà qu'on la chasse avec un grand fracas

---

1. *Haut-de-chausse :* culotte descendant jusqu'aux genoux.
2. *Hors :* hormis.
3. *Dans :* au milieu de, perdu dans.
4. *Ne font... faire :* font tout, sauf ce qu'ils ont à faire.
5. *Raison :* signifie ici « bon sens » par rapport à « raisonnement »
(pensée compliquée et inutile).
6. *Rôt :* rôti.
7. *Air :* ambiance, atmosphère.

À cause qu'elle manque à parler Vaugelas[1].
Je vous le dis, ma sœur, tout ce train[2]-là me blesse,
Car c'est, comme j'ai dit, à vous que je m'adresse.
Je n'aime point céans tous vos gens à latin[3],
610 Et principalement ce monsieur Trissotin.
C'est lui qui dans des vers vous a tympanisées[4],
Tous les propos qu'il tient sont des billevesées[5] :
On cherche ce qu'il dit après qu'il a parlé ;
Et je lui crois, pour moi, le timbre[6] un peu fêlé.

PHILAMINTE

615 Quelle bassesse, ô ciel, et d'âme et de langage !

BÉLISE

Est-il de petits corps[7] un plus lourd assemblage,
Un esprit composé d'atomes plus bourgeois[8] ?
Et de ce même sang se peut-il que je sois ?
Je me veux mal de mort[9] d'être de votre race[10],
620 Et de confusion j'abandonne la place.

---

1. *Parler Vaugelas :* parler comme le recommande le grammairien Vaugelas.
2. *Train :* façon de faire, de se comporter.
3. *Gens à latin :* gens qui sont fiers de parler latin.
4. *Tympanisées :* rendues célèbres en vous faisant connaître partout, comme en frappant sur un tambour.
5. *Billevesées :* sottises.
6. *Timbre :* cerveau.
7. *Petits corps :* atomes. Bélise s'inspire du philosophe grec Épicure (341-270 av. J.-C.) selon lequel la nature n'est qu'un assemblage d'atomes.
8. *Bourgeois :* c'est-à-dire peu intelligent, peu raffiné, par opposition à un homme de cour.
9. *Je me veux mal de mort :* je m'en veux à en mourir.
10. *Race :* famille.

Acte II scène 7

« C'EST À VOUS QUE JE PARLE, MA SŒUR »

1. Le spectateur pouvait-il s'attendre à cette forme d'intervention de la part de Chrysale. Comment cet accès de sincérité s'explique-t-il chez lui ? Son éclat est-il courageux ? (Appuyez-vous sur les vers 558, 607-608 et opposez-les aux vers 557 ou 611 en tenant compte de l'accord de ces derniers.)

2. La levée du masque chez Chrysale est due à une réutilisation du discours spécialisé de la part des deux savantes, ainsi qu'à leur manie de corriger les propos de leur interlocuteur. Montrez-le en faisant un rapprochement avec la scène 6.

3. Quels peuvent être les motifs réels de la colère de Chrysale ? Justifiez votre réponse.

4. Une fois lancé, Chrysale ne s'arrête plus. Comment peut-on justifier, théâtralement et psychologiquement, ce flot de paroles ?

5. La nature des arguments de Chrysale (dans sa défense de Martine, puis dans sa tirade). Essayez de retrouver les éléments fournis ci-dessous dans le cours de la scène :
— opposition du sens propre et du sens figuré et identification de l'abstrait au domaine matériel,
— détournement grotesque ou rejet d'objets « culturels »,
— opposition spatiale (proximité-éloignement),
— modification, concurrence des rapports homme-femme,
— recours à la sagesse populaire,
— opposition savoir pratique-savoir intellectuel et emploi-contre-emploi des personnes,
— opposition ordre-désordre et raison-folie,
— jeux de mots.

6. Selon Chrysale, qui est responsable de l'attitude de Philaminte et de Bélise ?

7. Comment les savantes réagissent-elles ? Le « procès » que leur a fait Chrysale a-t-il porté ?

8. Par rapport à l'intrigue essentielle, a-t-on progressé dans les scènes 6 et 7 ?

SCÈNE 8. PHILAMINTE, CHRYSALE.

PHILAMINTE
Avez-vous à lâcher encore quelque trait[1] ?

CHRYSALE
Moi ? Non. Ne parlons plus de querelle ; c'est fait ;
Discourons d'autre affaire. À votre fille aînée
On voit quelque dégoût pour les nœuds d'hyménée ;
625 C'est une philosophe enfin, je n'en dis rien ;
Elle est bien gouvernée, et vous faites fort bien.

Chrysale (Paul Deiber) et Philaminte (Nelly Borgeaud).
Mise en scène de Françoise Seigner.
Théâtre de Boulogne-Billancourt, 1986.

1. *Lâcher quelque trait* : lancer quelque médisance.

Mais de tout autre humeur se trouve sa cadette,
Et je crois qu'il est bon de pourvoir Henriette[1],
De choisir un mari...

PHILAMINTE

C'est à quoi j'ai songé,
630 Et je veux vous ouvrir[2] l'intention que j'ai.
Ce monsieur Trissotin dont on nous fait un crime,
Et qui n'a pas l'honneur d'être dans votre estime,
Est celui que je prends pour l'époux qu'il lui faut,
Et je sais mieux que vous juger de ce qu'il vaut.
635 La contestation est ici superflue,
Et de tout point chez moi[3] l'affaire est résolue.
Au moins ne dites mot du choix de cet époux :
Je veux à votre fille en parler avant vous.
J'ai des raisons à faire[4] approuver ma conduite,
640 Et je connaîtrai bien si vous l'aurez instruite.

SCÈNE 9.   ARISTE, CHRYSALE.

ARISTE

Hé bien ? La[5] femme sort, mon frère, et je vois bien
Que vous venez d'avoir ensemble un entretien.

CHRYSALE

Oui.

---

1. *Pourvoir Henriette :* donner un mari à Henriette.
2. *Ouvrir :* faire part de.
3. *Chez moi :* pour moi, en ce qui me concerne.
4. *À faire :* pour faire.
5. *La femme :* votre femme (langage familier).

ARISTE

Quel est le succès[1] ? Aurons-nous Henriette ?
A-t-elle consenti ? L'affaire est-elle faite ?

CHRYSALE

645 Pas tout à fait encor.

ARISTE

Refuse-t-elle ?

CHRYSALE

Non.

ARISTE

Est-ce qu'elle balance[2] ?

CHRYSALE

En aucune façon.

ARISTE

Quoi donc ?

CHRYSALE

C'est que pour gendre elle m'offre un autre homme.

ARISTE

Un autre homme pour gendre ?

CHRYSALE

Un autre.

ARISTE

Qui se nomme ?

CHRYSALE

Monsieur Trissotin.

ARISTE

Quoi ! ce monsieur Trissotin...

---

1. *Succès :* résultat (bon ou mauvais).
2. *Balance :* hésite.

CHRYSALE

650 Oui, qui parle toujours de vers et de latin.

ARISTE

Vous l'avez accepté ?

CHRYSALE

Moi ? Point, à Dieu ne plaise[1].

ARISTE

Qu'avez-vous répondu ?

CHRYSALE

Rien ; et je suis bien aise
De n'avoir point parlé, pour ne m'engager pas.

ARISTE

La raison est fort belle, et c'est faire un grand pas.
655 Avez-vous su du moins lui proposer Clitandre ?

CHRYSALE

Non : car, comme j'ai vu qu'on parlait d'autre gendre,
J'ai cru qu'il était mieux de ne m'avancer point.

ARISTE

Certes, votre prudence est rare au dernier point !
N'avez-vous point de honte avec votre mollesse ?
660 Et se peut-il qu'un homme ait assez de faiblesse
Pour laisser à sa femme un pouvoir absolu
Et n'oser attaquer ce qu'elle a résolu ?

CHRYSALE

Mon Dieu, vous en parlez, mon frère, bien à l'aise ;
Et vous ne savez pas comme[2] le bruit[3] me pèse.
665 J'aime fort le repos, la paix et la douceur,

---

1. À Dieu ne plaise : (pourvu que ça ne plaise pas à Dieu !) rejet
catégorique d'une idée. On dirait : « jamais de la vie ! »
2. Comme : combien.
3. Bruit : querelle (sens figuré).

Et ma femme est terrible avecque[1] son humeur.
Du nom de philosophe elle fait grand mystère[2],
Mais elle n'en est pas pour cela moins colère ;
Et sa morale, faite à[3] mépriser le bien[4],
670 Sur l'aigreur de sa bile opère comme rien[5].
Pour peu que l'on s'oppose à ce que veut sa tête,
On en a pour huit jours d'effroyable tempête.
Elle me fait trembler dès qu'elle prend son ton[6] ;
Je ne sais où me mettre, et c'est un vrai dragon.
675 Et cependant, avec toute sa diablerie[7],
Il faut que je l'appelle et mon cœur et ma mie.

ARISTE

Allez, c'est se moquer. Votre femme, entre nous,
Est, par vos lâchetés, souveraine sur vous.
Son pouvoir n'est fondé que sur votre faiblesse ;
680 C'est de vous qu'elle prend le titre de maîtresse ;
Vous-même à ses hauteurs[8] vous vous abandonnez,
Et vous faites mener, en bête[9], par le nez.
Quoi ! vous ne pouvez pas, voyant comme on vous
[nomme[10],
Vous résoudre une fois à vouloir être un homme,
685 À faire condescendre[11] une femme à vos vœux[12]

---

1. *Avecque* : orthographe ancienne, permise en prosodie.
2. *Fait grand mystère* : en fait étalage, en parle comme d'une chose importante.
3. *Faite à* : faite pour.
4. *Bien* : les choses matérielles, la richesse.
5. *Comme rien* : pas du tout.
6. *Prend son ton* : fait entendre sa voix.
7. *Diablerie* : mauvais caractère (digne de celui du diable.).
8. *Hauteurs* : airs de supériorité, velléité de domination.
9. *En bête* : animalement, comme une personne sans intelligence.
10. *Comme on vous nomme* : comment l'on vous traite.
11. *Faire condescendre* : l'amener à faire accepter.
12. *Vœux* : ce que vous souhaitez.

Et prendre assez de cœur[1] pour dire un : Je le veux ?
Vous laisserez sans honte immoler[2] votre fille
Aux folles visions qui tiennent la famille,
Et de tout votre bien revêtir[3] un nigaud
690 Pour six mots de latin qu'il leur fait sonner haut,
Un pédant qu'à tout coup votre femme apostrophe[4]
Du nom de bel esprit et de grand philosophe,
D'homme qu'en vers galants jamais on n'égala,
Et qui n'est, comme on sait, rien moins que tout[5] cela ?
695 Allez, encore un coup, c'est une moquerie,
Et votre lâcheté mérite qu'on en rie.

CHRYSALE

Oui, vous avez raison, et je vois que j'ai tort.
Allons, il faut enfin montrer un cœur plus fort,
Mon frère.

ARISTE

                    C'est bien dit.

CHRYSALE

                              C'est une chose infâme
700 Que d'être si soumis au pouvoir d'une femme.

ARISTE

Fort bien.

CHRYSALE

                    De ma douceur elle a trop profité.

ARISTE

Il est vrai.

---

1. *Cœur :* courage.
2. *Immoler :* sacrifier.
3. *Revêtir :* enrichir.
4. *Apostrophe :* interpelle avec ostentation.
5. *Rien moins que tout :* tout sauf...

CHRYSALE

Trop joui de ma facilité[1].

ARISTE

Sans doute.

CHRYSALE

Et je lui veux faire aujourd'hui connaître
Que ma fille est ma fille, et que j'en suis le maître,
705 Pour lui prendre un mari qui soit selon mes vœux.

ARISTE

Vous voilà raisonnable et comme je vous veux.

CHRYSALE

Vous êtes pour Clitandre, et savez sa demeure :
Faites-le-moi venir, mon frère, tout à l'heure[2].

ARISTE

J'y cours tout de ce pas.

CHRYSALE

C'est souffrir trop longtemps[3],
710 Et je m'en vais être homme à la barbe des gens[4].

---

1. *Facilité :* bon caractère.
2. *Tout à l'heure :* sur l'heure, tout de suite.
3. *Souffrir trop longtemps :* attendre trop longtemps.
4. *À la barbe des gens :* publiquement, en affrontant le regard des gens.

Acte II scènes 8 et 9

« LA CONTESTATION EST ICI SUPERFLUE »

1. Le mari et sa terrible femme se retrouvent face à face. Qui va gagner ? Quel trait de caractère la proposition de cesser la « querelle » (sc. 8) manifeste-t-elle chez Chrysale ?
2. Chrysale fait une distinction entre sa fille aînée et sa fille cadette : de quelle nature est-elle ? Quel est le jugement porté par Chrysale sur l'éducation fournie à Armande par Philaminte ?
3. Étudiez les nuances des verbes employés par Chrysale et Philaminte quand ils évoquent le mariage d'Henriette. Qu'en pensez-vous ?
4. Dans quelle situation Chrysale se trouve-t-il à la fin de cette scène ?

« JE M'EN VAIS ÊTRE HOMME À LA BARBE DES GENS »

5. Ayant baissé pavillon devant sa femme, Chrysale est pris en « flagrant délit » par son frère... Montrez la subtilité manifestée par Chrysale pour rendre compte de l'avis de Philaminte ? sous forme d'atténuation ou d'omission.
6. Comment la scène évolue-t-elle depuis le début ? (Appuyez-vous sur les vers 643 et 703-704.) Quel est le plan de la scène ?
7. A-t-on déjà vu pareil accès d'énergie et d'autorité chez Chrysale ?

Questions sur l'ensemble de l'acte II

INTÉRÊT DRAMATIQUE DE L'ACTE

1. L'enjeu de l'acte I (le projet matrimonial Henriette-Clitandre) a-t-il évolué au cours de l'acte II ?
2. Comment ? Pourquoi ? Qui est le personnage clef ?

RÉPARTITION DES PERSONNAGES EN CAMPS À PROPOS DU PROJET MATRIMONIAL

3. Par rapport au tableau de synthèse de l'acte I, faisant état des assistants ou opposants au mariage Henriette-Clitandre, où situeriez-vous le personnage clef ?

4. À quels moments de l'acte intervient-il ? Répondez dans un tableau récapitulatif où vous indiquerez par une croix s'il y a eu intervention et, si oui, quel est son motif ?

5. Que pouvez-vous dire du nombre d'apparitions de ce personnage sur la scène ?

À MARIAGE MARIAGE ET DEMI...

6. Par qui le personnage de Trissotin a-t-il été évoqué depuis le début de la pièce ? Construisez un tableau où vous noterez pour chaque acte et scène concernés le(s) nom(s) de l'évocateur et le(s) motif(s) de l'évocation. Quel est le motif le plus fréquent ?

7. Par l'intermédiaire de quel(s) personnage(s) le trait de caractère reproché à Monsieur Trissotin transparaît-il à l'acte II ? Pourquoi cela rend-il le personnage de Trissotin dangereux pour l'enjeu ?

8. Qu'est-ce que le spectateur attend impatiemment ?

Acte III

SCÈNE PREMIÈRE. PHILAMINTE, ARMANDE, BÉLISE, TRISSOTIN, LÉPINE.

PHILAMINTE

Ah ! mettons-nous ici pour écouter à l'aise
Ces vers que mot à mot il est besoin qu'on pèse[1].

ARMANDE

Je brûle[2] de les voir.

BÉLISE

Et l'on s'en meurt chez nous[3].

PHILAMINTE, *à Trissotin*.

Ce sont charmes[4] pour moi que ce qui part de vous.

ARMANDE

715 Ce m'est une douceur à nulle autre pareille.

BÉLISE

Ce sont repas friands qu'on donne à mon oreille.

PHILAMINTE

Ne faites point languir de si pressants désirs.

ARMANDE

Dépêchez[5].

BÉLISE

Faites tôt, et hâtez nos plaisirs.

---

1. *Qu'on pèse :* dont on apprécie la valeur (le « poids des mots »).
2. *Brûle :* suis impatiente de.
3. *Et l'on s'en meurt chez nous :* pour ma part, j'en meurs d'impatience.
4. *Charmes :* attraits magiques, irrésistibles.
5. *Dépêchez :* exécutez rapidement.

PHILAMINTE

À notre impatience offrez votre épigramme[1].

TRISSOTIN, *à Philaminte.*

720 Hélas[2] ! c'est un enfant tout nouveau-né, madame.
Son sort assurément a lieu de vous toucher,
Et c'est dans votre cour que j'en viens d'accoucher[3].

PHILAMINTE

Pour me le rendre cher, il suffit de son père.

TRISSOTIN

Votre approbation lui peut servir de mère.

BÉLISE

725 Qu'il a d'esprit !

SCÈNE 2.   HENRIETTE, PHILAMINTE, ARMANDE, BÉLISE, TRISSOTIN, LÉPINE.

PHILAMINTE, *à Henriette, qui veut se retirer.*

Holà ! pourquoi donc fuyez-vous ?

HENRIETTE

C'est de peur de troubler un entretien si doux.

PHILAMINTE

Approchez, et venez de toutes vos oreilles
Prendre part au plaisir d'entendre des merveilles.

---

1. *Épigramme :* court poème fondé sur des jeux de mots et souvent moqueur à l'égard de quelqu'un.
2. *Hélas :* interjection marquant ici la fausse modestie.
3. *Accoucher :* (d'un écrit) l'écrire, le créer. Trissotin « file la métaphore » de l'enfant nouveau-né.

HENRIETTE

Je sais[1] peu les beautés de tout ce qu'on écrit,
730 Et ce n'est pas mon fait[2] que les choses d'esprit.

PHILAMINTE

Il n'importe. Aussi bien ai-je à vous dire ensuite
Un secret dont il faut que vous soyez instruite.

TRISSOTIN, *à Henriette.*

Les sciences[3] n'ont rien qui vous puisse enflammer,
Et vous ne vous piquez que de[4] savoir charmer.

HENRIETTE

735 Aussi peu l'un que l'autre ; et je n'ai nulle envie...

BÉLISE

Ah ! songeons à l'enfant nouveau-né, je vous prie.

PHILAMINTE, *à Lépine.*

Allons, petit garçon, vite de quoi s'asseoir.
        (Le laquais tombe avec la chaise.)
Voyez l'impertinent[5] ! Est-ce que l'on doit choir,
Après avoir appris l'équilibre des choses ?

BÉLISE

740 De ta chute, ignorant, ne vois-tu pas les causes,
Et qu'elle vient d'avoir du point fixe écarté
Ce que nous appelons centre de gravité[6] ?

---

1. *Je sais :* je ressens, je suis sensible à.
2. *Ce n'est pas mon fait que :* je ne suis pas concernée par.
3. *Sciences :* les connaissances, le savoir.
4. *Vous ne vous piquez... :* vous ne vous glorifiez...
5. *Impertinent :* insolent.
6. *Et qu'elle vient ... gravité ? :* et qu'elle résulte de ce que tu n'as pas fait coïncider le point fixe et ce que nous appelons centre de gravité (*gravité :* pesanteur ; *point fixe :* point d'application de la résultante des actions de la pesanteur sur toutes les parties d'un objet...).

LÉPINE

Je m'en suis aperçu, madame, étant par terre.

PHILAMINTE, *à Lépine qui sort.*

Le lourdaud !

TRISSOTIN

Bien lui prend de n'être pas de verre.

ARMANDE

745 Ah ! de l'esprit partout !

BÉLISE

Cela ne tarit pas.

PHILAMINTE

Servez-nous promptement votre aimable repas[1].

TRISSOTIN

Pour cette grande faim qu'à mes yeux on expose
Un plat seul de huit vers me semble peu de chose,
Et je pense qu'ici je ne ferai pas mal
750 De joindre à l'épigramme, ou bien au madrigal[2],
Le ragoût[3] d'un sonnet qui chez une princesse
A passé pour avoir quelque délicatesse.
Il est de sel attique[4] assaisonné partout,
Et vous le trouverez, je crois, d'assez bon goût.

ARMANDE

755 Ah ! je n'en doute point.

---

1. *Repas :* un poème de l'abbé Cotin, modèle de Trissotin, s'intitulant
« Festin poétique ».
2. *Madrigal :* court poème amoureux.
3. *Ragoût :* sauce ou assaisonnement destiné à relever le goût d'un
mets.
4. *Sel attique :* le « sel » de la conversation, c'est son caractère spirituel.
L'Attique : région d'Athènes réputée pour ses écoles de rhétorique
(l'art de bien s'exprimer).

PHILAMINTE

Donnons vite audience[1].

BÉLISE, *à chaque fois qu'il veut lire, l'interrompt.*

Je sens d'aise mon cœur tressaillir par avance.

J'aime la poésie avec entêtement[2],

Et surtout quand les vers sont tournés galamment[3].

PHILAMINTE

Si nous parlons toujours, il ne pourra rien dire.

TRISSOTIN

SO...

BÉLISE, *à Henriette.*

760   Silence, ma nièce...

ARMANDE

Ah ! laissez-le donc lire.

TRISSOTIN

SONNET À LA PRINCESSE URANIE[4]
SUR SA FIÈVRE

Votre prudence est endormie,
De traiter magnifiquement
Et de loger superbement
Votre plus cruelle ennemie.

BÉLISE

765 Ah ! le joli début !

---

1. *Donnons ... audience :* prêtons vite l'oreille à.
2. *Entêtement :* passion pour quelque chose.
3. *Galamment :* avec élégance.
4. *Sonnet à la Princesse Uranie :* poème réellement écrit par l'abbé Cotin, dans ses *Œuvres galantes,* pour Mlle de Longueville, duchesse de Nemours.

ARMANDE

Qu'il a le tour galant !

PHILAMINTE

Lui seul des vers aisés possède le talent !

ARMANDE

À « prudence endormie » il faut rendre les armes[1].

BÉLISE

« Loger son ennemie » est pour moi plein de charmes.

PHILAMINTE

J'aime « superbement[2] » et « magnifiquement » ;
770 Ces deux adverbes joints font admirablement.

BÉLISE

Prêtons l'oreille au reste.

TRISSOTIN

Votre prudence est endormie,
De traiter magnifiquement
Et de loger superbement
Votre plus cruelle ennemie.

ARMANDE

« Prudence endormie ! »

BÉLISE

« Loger son ennemie ! »

PHILAMINTE

« Superbement » et « magnifiquement ! »

---

1. *Rendre les armes :* avouer qu'on est ému.
2. *Superbement :* avec fierté.

TRISSOTIN

Faites-la sortir, quoi qu'on die[1],
De votre riche appartement,
Où cette ingrate insolemment
775 Attaque votre belle vie.

BÉLISE

Ah ! tout doux[2], laissez-moi, de grâce, respirer.

ARMANDE

Donnez-nous, s'il vous plaît, le loisir[3] d'admirer.

PHILAMINTE

On se sent[4], à ces vers, jusques au fond de l'âme
Couler je ne sais quoi qui fait que l'on se pâme[5].

ARMANDE

« Faites-la sortir, quoi qu'on die,
De votre riche appartement. »
780 Que « riche appartement » est là joliment dit !
Et que la métaphore est mise avec esprit !

PHILAMINTE

« Faites-la sortir, quoi qu'on die. »
Ah ! que ce « quoi qu'on die » est d'un goût admirable !
C'est, à mon sentiment, un endroit impayable[6].

ARMANDE

De « quoi qu'on die » aussi mon cœur est amoureux.

---

1. *Quoi qu'on die :* quoi qu'on dise (forme du subjonctif déjà vieillie du temps de Molière, mais utile à la rime).
2. *Tout doux (tout doucement) :* arrêtez.
3. *Loisir :* temps.
4. *On se sent :* on sent.
5. *Se pâme :* s'évanouit (de plaisir, ici).
6. *Impayable :* qui n'a pas de prix (parce que de très grande valeur).

BÉLISE

785 Je suis de votre avis, « quoi qu'on die » est heureux.

ARMANDE

Je voudrais l'avoir fait.

BÉLISE

Il vaut toute une pièce[1].

PHILAMINTE

Mais en comprend-on bien comme moi la finesse ?

ARMANDE ET BÉLISE

Oh ! oh !

PHILAMINTE

« Faites-la sortir, quoi qu'on die. »
Que de la fièvre on prenne ici les intérêts[2],
N'ayez aucun égard, moquez-vous des caquets[3],
        « Faites-la sortir, quoi qu'on die,
        Quoi qu'on die, quoi qu'on die ! »
790 Ce « quoi qu'on die » en dit beaucoup plus qu'il ne
                                    [semble.
Je ne sais pas, pour moi[4], si chacun me ressemble,
Mais j'entends là-dessous un million de mots.

BÉLISE

Il est vrai qu'il dit plus de choses qu'il n'est gros.

PHILAMINTE, à *Trissotin*.

Mais, quand vous avez fait ce charmant « quoi qu'on
                                    [die »,
795 Avez-vous compris, vous, toute son énergie ?

---

1. *Pièce* : poème (il fait un poème à lui tout seul...).
2. *On prenne les intérêts (de)* : on s'occupe de.
3. *Caquets* : propos médisants, ragots.
4. *Pour moi* : en ce qui me concerne.

Songiez-vous bien vous-même à tout ce qu'il nous dit,
Et pensiez-vous alors y mettre tant d'esprit ?

TRISSOTIN

Hai ! hai !

ARMANDE

      J'ai fort aussi « l'ingrate » dans la tête[1],
Cette ingrate de fièvre, injuste, malhonnête,
800 Qui traite mal les gens qui la logent chez eux.

PHILAMINTE

Enfin les quatrains sont admirables tous deux.
Venons-en promptement aux tiercets[2], je vous prie.

ARMANDE

Ah ! s'il vous plaît, encore une fois « quoi qu'on die ».

TRISSOTIN

    Faites-la sortir, quoi qu'on die...

PHILAMINTE, ARMANDE ET BÉLISE

« Quoi qu'on die ! »

TRISSOTIN

    De votre riche appartement.

PHILAMINTE, ARMANDE ET BÉLISE

« Riche appartement ! »

TRISSOTIN

    Où cette ingrate insolemment...

PHILAMINTE, ARMANDE ET BÉLISE

Cette « ingrate » de fièvre !

TRISSOTIN

    Attaque votre belle vie.

---

1. J'apprécie au-delà de toute raison « l'ingrate ».
2. *Tiercets* : on dit aujourd'hui « tercet ».

97

PHILAMINTE

« Votre belle vie ! »

ARMANDE ET BÉLISE

Ah !

TRISSOTIN

Quoi ! sans respecter votre rang,
805   Elle se prend à votre sang[1]...

PHILAMINTE, ARMANDE ET BÉLISE

Ah !

TRISSOTIN

Et nuit et jour vous fait outrage !
Si vous la conduisez aux bains,
Sans la marchander[2] davantage,
Noyez-la de vos propres mains.

PHILAMINTE

810 On n'en peut plus.

BÉLISE

On pâme[3].

ARMANDE

On se meurt de plaisir.

PHILAMINTE

De mille doux frissons vous vous sentez saisir.

ARMANDE

« Si vous la conduisez aux bains... »

---

1. *Sang :* sang royal (au sens propre) puisque la duchesse de Nemours est de la famille de l'ancien roi Henri IV. Grandeur, noblesse (sens figuré).
2. *Marchander :* ménager, prendre soin de.
3. *On pâme :* on se pâme, on s'évanouit.

BÉLISE

« Sans la marchander davantage... »

PHILAMINTE

« Noyez-la de vos propres mains. »
De vos propres mains, là, noyez-la dans les bains.

ARMANDE

Chaque pas dans vos vers rencontre un trait charmant[1].

BÉLISE

Partout on s'y promène avec ravissement.

PHILAMINTE

815 On n'y saurait marcher que sur de belles choses.

ARMANDE

Ce sont petits chemins tout parsemés de roses.

TRISSOTIN

Le sonnet donc vous semble...

PHILAMINTE

                    Admirable, nouveau,
Et personne jamais n'a rien fait de si beau.

BÉLISE, *à Henriette.*

Quoi ! sans émotion pendant cette lecture !
820 Vous faites là, ma nièce, une étrange figure.

HENRIETTE

Chacun fait ici-bas la figure qu'il peut,
Ma tante, et bel esprit, il ne l'est pas qui veut[2].

TRISSOTIN

Peut-être que mes vers importunent madame.

---

1. *Chaque pas ... charmant :* à chaque pas que l'on fait dans vos vers,
on rencontre une beauté qui charme.
2. *Bel esprit, il ne l'est pas qui veut :* n'est pas bel esprit qui veut.

HENRIETTE

Point : je n'écoute pas.

PHILAMINTE

Ah ! voyons l'épigramme.

TRISSOTIN

SUR UN CARROSSE DE COULEUR AMARANTE[1]
DONNÉ À UNE DAME DE SES AMIES[2]

PHILAMINTE

825 Ses titres ont toujours quelque chose de rare.

ARMANDE

À cent beaux traits d'esprit[3] leur nouveauté prépare.

TRISSOTIN

L'amour si chèrement m'a vendu son lien...

PHILAMINTE, ARMANDE ET BÉLISE

Ah !

TRISSOTIN

Qu'il m'en coûte déjà la moitié de mon bien ;
Et, quand tu vois ce beau carrosse,
830 Où tant d'or se relève en bosse[4]
Qu'il étonne tout le pays
Et fait pompeusement triompher ma Laïs[5],...

PHILAMINTE

Ah ! « ma Laïs ! » Voilà de l'érudition.

---

1. *Amarante :* fleur de couleur pourpre.
2. *Donné à une dame de ses amies :* l'abbé Cotin avait également
écrit ce poème sous le titre « Sur un carrosse de couleur amarante
acheté par une dame, madrigal ».
3. *Trait d'esprit :* mot d'esprit.
4. *Bosse :* ornement en relief.
5. *Laïs :* courtisane de la Grèce antique célèbre pour sa beauté.

BÉLISE

L'enveloppe[1] est jolie et vaut un million.

TRISSOTIN

Et, quand tu vois ce beau carrosse
Où tant d'or se relève en bosse
Qu'il étonne tout le pays
Et fait pompeusement triompher ma Laïs,
835   Ne dis plus qu'il est amarante,
Dis plutôt qu'il est de ma rente.

ARMANDE

Oh ! oh ! oh ! Celui-là ne s'attend[2] point du tout.

PHILAMINTE

On n'a que lui qui puisse écrire de ce goût[3].

BÉLISE

« Ne dis plus qu'il est amarante,
Dis plutôt qu'il est de ma rente. »
Voilà qui se décline[4] : « ma rente, de ma rente, à ma
[rente. »

PHILAMINTE

Je ne sais, du moment que je vous ai connu,
840 Si sur votre sujet j'eus l'esprit prévenu[5],
Mais j'admire partout vos vers et votre prose.

---

1. *Enveloppe* : symbole, allusion (allusion à la femme aimée derrière la femme historique, Laïs).
2. *Ne s'attend* ... : n'est pas attendu, prévu.
3. *De ce goût* : avec ce goût.
4. *Se décline* : suit une déclinaison (pour les mots de certaines langues, cela signifie prendre des formes ou des terminaisons variées selon la fonction grammaticale).
5. *Esprit prévenu (sur votre sujet)* : esprit déjà tout acquis (à votre égard) : je vous aimais déjà.

TRISSOTIN, *à Philaminte.*

Si vous vouliez de vous nous montrer quelque chose,
À notre tour aussi nous pourrions admirer.

PHILAMINTE

Je n'ai rien fait en vers[1], mais j'ai lieu d'espérer
845 Que je pourrai bientôt vous montrer, en amie,
Huit chapitres du plan de notre académie[2].
Platon[3] s'est au projet simplement arrêté,
Quand de sa République il a fait le traité ;
Mais à l'effet[4] entier je veux pousser l'idée
850 Que j'ai sur le papier en prose accommodée[5] :
Car enfin je me sens un étrange dépit
Du tort que l'on nous fait du côté de l'esprit ;
Et je veux nous venger, toutes tant que nous sommes,
De cette indigne classe où nous rangent les hommes,
855 De borner[6] nos talents à des futilités
Et nous fermer la porte aux sublimes clartés[7].

ARMANDE

C'est faire à notre sexe une trop grande offense

---

1. *Je n'ai rien fait en vers :* sous-entendu depuis votre dernière visite, car Philaminte écrit des poèmes (v. 1156).
2. *Académie :* réunion de gens cultivés discutant de littérature (Philaminte écrit un ouvrage sur les buts qu'elle fixe aux réunions qui se déroulent chez elle).
3. *Platon :* philosophe grec (428-347 av. J.-C.) qui a écrit *la République,* ouvrage où il évoque une société idéale. Philaminte s'imagine enrichir l'ouvrage de celui-ci en établissant un programme d'émancipation de la femme.
4. *Effet :* réalisation.
5. *Accommodée :* mise en forme, rédigée.
6. *Borner :* limiter.
7. *Clartés :* connaissances (lumières intellectuelles).

De n'étendre l'effort de notre intelligence[1]
Qu'à juger d'une jupe et de l'air d'un manteau,
860 Ou des beautés d'un point[2], ou d'un brocart[3] nouveau.

BÉLISE

Il faut se relever de ce honteux partage,
Et mettre hautement notre esprit hors de page[4].

TRISSOTIN

Pour les dames on sait mon respect en tous lieux ;
Et, si je rends hommage aux brillants de leurs yeux,
865 De leur esprit aussi j'honore les lumières[5].

PHILAMINTE

Le sexe[6] aussi vous rend justice en ces matières ;
Mais nous voulons montrer à de certains esprits,
Dont l'orgueilleux savoir nous traite avec mépris,
Que de science aussi les femmes sont meublées[7] ;
870 Qu'on peut faire comme eux de doctes assemblées,
Conduites en cela par des ordres meilleurs[8] ;
Qu'on y veut réunir ce qu'on sépare ailleurs[9],
Mêler le beau langage et les hautes sciences,
Découvrir la nature en mille expériences,

---

1. *De n'étendre ... intelligence :* de supposer que notre intelligence ne consiste...
2. *Point :* de broderie.
3. *Brocart :* tissu de fils d'or, d'argent, de soie.
4. *Mettre ... hors de page :* faire cesser de servir comme un page (jeune homme au service d'un chevalier, au Moyen Âge).
5. *Lumières :* le savoir, les connaissances.
6. *Le sexe :* le beau sexe, les femmes.
7. *Meublées :* pourvues.
8. *Conduites ... meilleurs :* guidées ... par des principes meilleurs.
9. *Ailleurs :* Philaminte s'en prend à l'Académie française, créée en 1635 et interdite aux femmes.

875 Et, sur les questions qu'on pourra proposer,
Faire entrer chaque secte[1] et n'en point épouser[2].

TRISSOTIN

Je m'attache, pour l'ordre, au péripatétisme[3].

PHILAMINTE

Pour les abstractions j'aime le platonisme[4].

ARMANDE

Épicure[5] me plaît, et ses dogmes[6] sont forts.

BÉLISE

880 Je m'accommode assez, pour moi, des petits corps[7] ;
Mais le vide à souffrir[8] me semble difficile,
Et je goûte bien mieux la matière subtile.

TRISSOTIN

Descartes, pour l'aimant, donne fort dans mon sens.

ARMANDE

J'aime ses tourbillons.

---

1. *Secte :* groupe d'écrivains ou de philosophes partageant les mêmes idées.
2. *Épouser :* adhérer (à une « secte », ici).
6. *Péripatétisme :* le philosophe grec Aristote (384-322 av. J.-C.) enseignait, tout en marchant, une pensée fondée sur la logique (*peripatein :* se promener, en grec).
4. *Platonisme :* le philosophe Platon enseignait que les choses ne sont que le reflet d'idées planant dans un monde supérieur...
5. *Épicure :* philosophe grec (341-270 av. J.-C.) pour qui les choses ne sont qu'un ensemble d'atomes. Il s'opposait à Platon.
6. *Dogme :* idée, théorie.
7. *Petit corps :* atome.
8. *Souffrir :* supporter, accepter.

104

PHILAMINTE

Moi, ses mondes tombants[1].

ARMANDE

885 Il me tarde de voir notre assemblée ouverte
Et de nous signaler[2] par quelque découverte.

TRISSOTIN

On en attend beaucoup de vos vives clartés,
Et pour vous la nature a peu d'obscurités.

PHILAMINTE

Pour moi, sans me flatter, j'en ai déjà fait une,
890 Et j'ai vu clairement des hommes dans la lune[3].

BÉLISE

Je n'ai point encor vu d'hommes, comme je crois ;
Mais j'ai vu des clochers tout comme je vous vois.

ARMANDE

Nous approfondirons, ainsi que la physique,
Grammaire, histoire, vers, morale et politique.

PHILAMINTE

895 La morale a des traits dont mon cœur est épris,
Et c'était autrefois l'amour des grands esprits ;

---

1. *Descartes ; matière subtile ; aimant ; tourbillons ; mondes tombants :* le philosophe français Descartes (1596-1650) pensait qu'une matière subtile (matière fluide) remplit les vides entre les objets, qu'elle tourne en tourbillons dont le soleil est le centre, et que les étoiles filantes et comètes sont des mondes tombants. Toujours selon lui, la terre était composée d'aimants.
2. *Et de nous signaler :* et de nous faire connaître.
3. *Des hommes dans la lune :* idée à la mode au XVIIe siècle.

Mais aux stoïciens[1] je donne l'avantage,
Et je ne trouve rien de si beau que leur sage.

ARMANDE

Pour la langue on verra dans peu nos règlements,
900 Et nous y prétendons faire des remuements[2].
Par une antipathie, ou juste ou naturelle[3],
Nous avons pris chacune une haine mortelle
Pour un nombre de mots, soit ou verbes ou noms,
Que mutuellement nous nous abandonnons[4] ;
905 Contre eux nous préparons de mortelles sentences,
Et nous devons ouvrir nos doctes conférences
Par les proscriptions[5] de tous ces mots divers
Dont nous voulons purger et la prose et les vers.

PHILAMINTE

Mais le plus beau projet de notre académie,
910 Une entreprise noble et dont je suis ravie,
Un dessein plein de gloire, et qui sera vanté
Chez tous les beaux esprits de la postérité,
C'est le retranchement de ces syllabes sales
Qui dans les plus beaux mots produisent des scandales,
915 Ces jouets éternels des sots de tous les temps,

---

1. *Stoïciens* : philosophes professant le stoïcisme, créé par Zénon de Citium (335-264 av. J.-C.) et consistant à aimer la vertu, et à mépriser le malheur, ou la douleur.
2. *Remuements* : bouleversements, réformes.
3. *Ou juste ou naturelle* : fondée sur la raison ou dictée par la nature.
4. *Que mutuellement nous nous abandonnons* : auxquels chacune nous acceptons de renoncer.
5. *Proscriptions* : rejets.

Ces fades lieux communs de nos méchants[1] plaisants,
Ces sources d'un amas d'équivoques[2] infâmes
Dont on vient faire insulte à la pudeur des femmes.

TRISSOTIN

Voilà certainement d'admirables projets !

BÉLISE

920   Vous verrez nos statuts[3] quand ils seront tous faits.

TRISSOTIN

Ils ne sauraient manquer d'être tous beaux et sages.

ARMANDE

Nous serons par nos lois les juges des ouvrages.
Par nos lois, prose et vers, tout nous sera soumis :
Nul n'aura de l'esprit, hors nous et nos amis.
925   Nous chercherons partout à trouver à redire,
Et ne verrons que nous qui sache[4] bien écrire.

---

1. *Méchants* : mauvais.
2. *Équivoque* : jeu de mot douteux (pour les pédants, relatif au corps).
3. *Statuts* : ensemble de règlements.
4. *Et nous ne verrons que nous qui sache... :* nous ne verrons personne d'autre que nous qui sache...

Acte III scènes 1 et 2

« QU'IL A D'ESPRIT ! »

1. Le motif de la présence de Trissotin, scène 1, correspond-il à ce qu'on sait de lui ?
2. Quelle est l'attitude des trois savantes à son égard ?
3. En quoi l'amitié intellectuelle de Philaminte et de Trissotin imite-t-elle les rapports familiaux ? (Relevez le vocabulaire qui en témoigne.)
4. Étudiez les développements de la métaphore amorcée par Trissotin au vers 720.
5. Qu'est-ce que la paraphrase ? Quand les savantes en font-elles usage (sc. 2) ? Pourquoi ? Le pouvoir des mots de Trissotin sur les savantes : trouvez à quels moments les savantes réagissent : a) aux jeux de mots ; b) aux adverbes superlatifs de type précieux ; c) aux métaphores ; d) aux tournures grammaticales archaïques ; e) aux allusions historiques ou érudites.
6. Entre quels personnages s'établit-il un concours de plaisir poétique ? Qu'en pensez-vous ?
7. Relevez les métaphores utilisées par les savantes au cours de la scène 2 : qu'en concluez-vous ?

UNE ASSEMBLÉE LITTÉRAIRE MILITANTE...

8. Quels sont les arguments développés par les savantes contre le statut de l'homme dans la scène 2 ? Sur le plan familial ? Sur le plan socioculturel ? Quel type d'homme les savantes supportent-elles, et en quoi Trissotin répond-il à leur attente ?
9. Montrez le caractère érudit de ces savantes : relevez les noms d'auteurs, de disciplines, le vocabulaire scientifique. Quel(s) but(s) se fixent-elles à propos de la langue ? Les poèmes de Trissotin y répondent-ils par leur contenu comme par leur forme ?

LA FAUSSE NOTE...

10. Comment Henriette manifeste-t-elle sa désapprobation à l'égard de cette assemblée ?
11. Qu'est-ce que Philaminte doit révéler à Henriette ? Montrez l'importance de cette révélation différée pour l'arrière-plan de la scène : quelle nuance vient s'ajouter au comique des mots et des caractères ?

SCÈNE 3. LÉPINE, TRISSOTIN, PHILAMINTE, BÉLISE, ARMANDE, HENRIETTE, VADIUS.

LÉPINE, *à Trissotin.*

Monsieur, un homme est là qui veut parler à vous[1].
Il est vêtu de noir et parle d'un ton doux.

TRISSOTIN

C'est cet ami savant qui m'a fait tant d'instance[2]
930 De lui donner l'honneur de votre connaissance.

PHILAMINTE

Pour le faire venir vous avez tout crédit[3].
   (*À Armande et à Bélise.*)
Faisons bien les honneurs au moins de notre esprit.
   (*À Henriette qui s'en va.*)
Holà ! je vous ai dit en paroles bien claires
Que j'ai besoin de vous.

HENRIETTE

                    Mais pour quelles affaires ?

PHILAMINTE

935 Venez, on va dans peu vous les faire savoir.

TRISSOTIN

Voici l'homme qui meurt du désir de vous voir.
En vous le produisant[4], je ne crains point le blâme
D'avoir admis chez vous un profane[5], madame :
Il peut tenir son coin[6] parmi les beaux esprits.

---

1. *Parler à vous :* tournure correcte au XVIIe siècle.
2. *Fait instance :* sollicite de manière urgente.
3. *Crédit :* autorisation, possibilité.
4. *Produisant :* présentant.
5. *Profane :* personne non initiée aux règles d'un groupe.
6. *Tenir son coin :* tenir sa place (expression tirée du jeu de paume, ancêtre du tennis).

PHILAMINTE

940 La main qui le présente en dit assez le prix.

TRISSOTIN

Il a des vieux auteurs la pleine intelligence[1]
Et sait du grec, madame, autant qu'homme de France[2].

PHILAMINTE

Du grec ! ô ciel ! du grec ! Il sait du grec, ma sœur !

BÉLISE

Ah ! ma nièce, du grec !

ARMANDE

Du grec ! quelle douceur !

PHILAMINTE

945 Quoi ! monsieur sait du grec ! Ah ! permettez, de grâce,
Que, pour l'amour du grec, monsieur, on vous embrasse.
(Il les baise toutes, jusques à Henriette, qui le refuse.)

HENRIETTE

Excusez-moi, monsieur, je n'entends pas le grec.

PHILAMINTE

J'ai pour les livres grecs un merveilleux respect.

VADIUS

Je crains d'être fâcheux[3] par l'ardeur qui m'engage
950 À vous rendre aujourd'hui, madame, mon hommage[4],
Et j'aurai pu troubler quelque docte[5] entretien.

PHILAMINTE

Monsieur, avec du grec on ne peut gâter rien.

---

1. *Intelligence :* connaissance, compréhension.
2. *Autant qu'homme de France :* autant qu'un Français puisse en savoir.
3. *Fâcheux :* importun, désagréable.
4. *Hommage :* témoignage de respect.
5. *Docte :* savant.

TRISSOTIN

Au reste, il fait merveille en vers ainsi qu'en prose
Et pourrait, s'il voulait, vous montrer quelque chose.

VADIUS

955 Le défaut des auteurs dans leurs productions,
C'est d'en tyranniser[1] les conversations.
D'être au palais, au cours, aux ruelles[2], aux tables,
De leurs vers fatigants lecteurs infatigables.
Pour moi, je ne vois rien de plus sot, à mon sens,
960 Qu'un auteur qui partout va gueuser[3] des encens[4] ;
Qui, des premiers venus saisissant les oreilles,
En fait le plus souvent les martyrs de ses veilles.
On ne m'a jamais vu ce fol entêtement,
Et d'un Grec là-dessus je suis le sentiment,
965 Qui par un dogme exprès[5] défend à tous les sages
L'indigne empressement de lire leurs ouvrages.
Voici de petits vers pour de jeunes amants,
Sur quoi je voudrais bien avoir vos sentiments.

TRISSOTIN

Vos vers ont des beautés que n'ont point tous les
[autres.

VADIUS

970 Les Grâces et Vénus règnent dans tous les vôtres.

TRISSOTIN

Vous avez le tour libre et le beau choix des mots.

---

1. *Tyranniser :* imposer comme un tyran (souverain cruel).
2. *Palais, cours, ruelles :* Palais de Justice et ses galeries marchandes.
Cours-la-Reine : lieu de promenade à la mode. Ruelle : espace entre
lit et mur, car les élégantes recevaient couchées.
3. *Gueuser :* mendier comme un gueux.
4. *Encens :* compliment.
5. *Dogme exprès :* règle formelle, absolue.

TRISSOTIN (Alain Pralon). *Avez-vous vu certain petit sonnet sur la fièvre qui tient la princesse Uranie ?*
Marcel Bozonnet dans le rôle de Vadius. Mise en scène de Catherine Hiégel, Comédie-Française, 1987.

VADIUS

On voit partout chez vous l'*ithos* et le *pathos*[1].

TRISSOTIN

Nous avons vu de vous des églogues[2] d'un style
Qui passe en doux attraits Théocrite et Virgile[3].

VADIUS

975 Vos odes[4] ont un air noble, galant et doux,
Qui laisse de bien loin votre Horace[5] après vous.

TRISSOTIN

Est-il rien d'amoureux comme vos chansonnettes ?

VADIUS

Peut-on rien voir d'égal aux sonnets que vous faites ?

TRISSOTIN

Rien qui soit plus charmant que vos petits rondeaux[6] ?

VADIUS

980 Rien de si plein d'esprit que tous vos madrigaux ?

TRISSOTIN

Aux ballades[7] surtout vous êtes admirable.

---

1. *Ithos ; pathos :* mots tirés de l'ensemble des règles du bien écrire
ou parler (rhétorique). *Ithos :* désigne la partie de la rhétorique traitant
de la morale ; *pathos :* désigne celle qui traite des passions (donc, le
contraire).
2. *Églogue :* petit poème pastoral (c'est-à-dire racontant des amours
de bergers).
3. *Théocrite et Virgile :* Théocrite, poète grec (315-250 av. J.-C.), a
écrit les « Idylles » et Virgile, poète latin (70-19 av. J.-C.), les
« Bucoliques ».
4. *Ode :* à l'origine poème destiné à être chanté ; à partir du
XVIe siècle, poème en strophes traitant d'un sujet solennel ou familier.
5. *Horace :* poète latin (64-8 av. J.-C.) qui écrivit des odes.
6. *Rondeaux :* petits poèmes, dont certains voient leur(s) premier(s)
vers se répéter à la fin.
7. *Ballade :* petit poème (de *ballare,* signifiant danser, en italien).

113

VADIUS

Et dans les bouts-rimés[1] je vous trouve adorable.

TRISSOTIN

Si la France pouvait connaître votre prix...

VADIUS

Si le siècle rendait justice aux beaux esprits...

TRISSOTIN

985 En carrosse doré vous iriez par les rues.

VADIUS

On verrait le public vous dresser des statues.
       (À Trissotin.)
Hom ! C'est une ballade, et je veux que tout net
Vous m'en...

TRISSOTIN

            Avez-vous vu certain petit sonnet
Sur la fièvre qui tient la princesse Uranie ?

VADIUS

990 Oui. Hier il me fut lu dans une compagnie.

TRISSOTIN

Vous en savez l'auteur ?

VADIUS

                    Non ; mais je sais fort bien
Qu'à ne le point flatter[2] son sonnet ne vaut rien.

TRISSOTIN

Beaucoup de gens pourtant le trouvent admirable.

VADIUS

Cela n'empêche pas qu'il ne soit misérable ;
995 Et, si vous l'avez vu, vous serez de mon goût.

---

1. *Bout-rimé :* poème improvisé à partir de rimes données.
2. *À ne le point flatter :* si on peut lui dire la vérité.

TRISSOTIN

Je sais que là-dessus je n'en suis point du tout,
Et que d'un tel sonnet peu de gens sont capables.

VADIUS

Me préserve le ciel[1] d'en faire de semblables !

TRISSOTIN

Je soutiens qu'on ne peut en faire de meilleur ;
1000 Et ma grande raison, c'est que j'en suis l'auteur.

VADIUS

Vous ?

TRISSOTIN

Moi.

VADIUS

Je ne sais donc comment se fit l'affaire.

TRISSOTIN

C'est qu'on fut malheureux de ne pouvoir vous plaire.

VADIUS

Il faut qu'en écoutant j'aie eu l'esprit distrait,
Ou bien que le lecteur m'ait gâté le sonnet.
1005 Mais laissons ce discours, et voyons ma ballade.

TRISSOTIN

La ballade, à mon goût, est une chose fade.
Ce n'en est plus la mode, elle sent son vieux temps[2].

VADIUS

La ballade pourtant charme beaucoup de gens.

TRISSOTIN

Cela n'empêche pas qu'elle ne me déplaise.

---

1. *Me préserve le ciel* : que le ciel me préserve...
2. *Elle sent son vieux temps* : elle rappelle trop le passé.

115

VADIUS

1010 Elle n'en reste pas pour cela plus mauvaise.

TRISSOTIN

Elle a pour les pédants de merveilleux appas.

VADIUS

Cependant nous voyons qu'elle ne vous plaît pas.

TRISSOTIN

Vous donnez sottement vos qualités aux autres.

VADIUS

Fort impertinemment vous me jetez les vôtres.

TRISSOTIN

1015 Allez, petit grimaud[1], barbouilleur de papier.

VADIUS

Allez, rimeur de balle[2], opprobre du métier.

TRISSOTIN

Allez, fripier[3] d'écrits, impudent plagiaire[4].

VADIUS

Allez, cuistre[5]...

PHILAMINTE

Eh ! messieurs, que prétendez-vous faire ?

TRISSOTIN

Va, va restituer tous les honteux larcins[6]

---

1. *Grimaud :* mauvais écolier, d'où écrivain sans talent, ignorant.
2. *Balle :* paquet-marchandise du colporteur, donc sans valeur.
3. *Fripier :* vendeur de vieux habits.
4. *Plagiaire :* copieur, contrefacteur. (Ménage, représenté par Vadius, plagiait quelque peu les auteurs grecs-latins.)
5. *Cuistre :* valet de collège qui se prendrait pour un professeur, pédant.
6. *Larcin :* vol.

1020 Que réclament sur toi[1] les Grecs et les Latins.

VADIUS

Va, va-t'en faire amende honorable[2] au Parnasse[3]
D'avoir fait à tes vers estropier Horace.

TRISSOTIN

Souviens-toi de ton livre et de son peu de bruit.

VADIUS

Et toi, de ton libraire à l'hôpital[4] réduit.

TRISSOTIN

1025 Ma gloire est établie, en vain tu la déchires.

VADIUS

Oui, oui, je te renvoie à l'auteur des *Satires*[5].

TRISSOTIN

Je t'y renvoie aussi.

VADIUS

J'ai le contentement
Qu'on voit qu'il m'a traité plus honorablement.
Il me donne en passant une atteinte légère[6],
1030 Parmi plusieurs auteurs qu'au Palais on révère[7] ;

---

1. *Réclament sur toi :* dont se plaignent à ton propos.
2. *Amende honorable :* aveu public.
3. *Parnasse :* montagne de Grèce (en Phocide) où étaient censés séjourner Apollon, dieu de la Poésie, et les Muses, esprits féminins inspirateurs des artistes.
4. *Hôpital :* ici, hospice pour les pauvres.
5. *Auteur des Satires :* les *Satires* ici mentionnées sont celles du poète Nicolas Boileau (1636-1711), ami de Molière.
6. *Atteinte légère :* Boileau attaque Vadius-Ménage, dans ses *Satires* (IX, vers 86).
7. *Révère :* admire.

Mais jamais dans ses vers il ne te laisse en paix,
Et l'on t'y voit partout être en butte à ses traits[1].

TRISSOTIN

C'est par là que j'y tiens un rang plus honorable.
Il te met dans la foule ainsi qu'un misérable ;
1035 Il croit que c'est assez d'un coup pour t'accabler,
Et ne t'a jamais fait l'honneur de redoubler ;
Mais il m'attaque à part comme un noble adversaire
Sur qui tout son effort lui semble nécessaire ;
Et ses coups, contre moi redoublés en tous lieux,
1040 Montrent qu'il ne se croit jamais victorieux.

VADIUS

Ma plume t'apprendra quel homme je puis être.

TRISSOTIN

Et la mienne saura te faire voir ton maître.

VADIUS

Je te défie en vers, prose, grec et latin.

TRISSOTIN

Hé bien ! nous nous verrons seul à seul chez Barbin[2].

---

1. *Traits :* plaisanteries, moqueries. Boileau ridiculise en effet l'abbé
Cotin en de multiples passages (*Satires* III, 60 ; VIII, 239 ; IX, 45,
82, 130, 198, 276, 291, etc.).
2. *Barbin :* libraire connu de la galerie marchande du Palais de Justice,
éditeur de Boileau et de Molière.

Acte III scène 3

QUERELLE DES DOCTES...

1. Qui est Vadius ? Qui est censé assurer son entrée en scène, comme dans la compagnie littéraire ? Que vient-il faire ?

2. Pourquoi sa présence peut-elle agréer aux savantes ?

3. Quelles sont les qualités du nouvel arrivant vantées par Trissotin comme droit d'entrée dans la compagnie ?

4. Quel est le rôle d'Henriette dans la scène ?

5. Dans quel dessein Trissotin adresse-t-il les vers 969 et 988-989 à Vadius ?

6. Vadius a-t-il l'occasion de réciter sa ballade au cours de la scène ? Ses principes lui permettent-ils de la réciter ? Qu'en pensez-vous ?

7. Que pouvez-vous dire du jugement de Vadius en matière poétique par la comparaison des vers 991-992 et 1003-1004 ? Sur quoi se fonde-t-il ?

8. Les vers 1003-1004 sont-ils de nature à satisfaire Trissotin ? Pourquoi ?

9. Trissotin a-t-il introduit Vadius de son plein gré dans la compagnie ? Qu'est-ce qui le détermine à envenimer le dialogue ?

10. Mettez en relief le caractère superficiel de l'échange de louanges, puis le caractère plus réaliste de la dispute entre Trissotin et Vadius :

	Trissotin	Vadius
Expressions laudatives	...	...
Expressions dépréciatives	...	...

11. La production des deux poètes est-elle originale ? Qu'en pensez-vous ?

12. Que révèle la citation précise des *Satires* de Boileau ?

13. Quelle est la nature du défi que se lancent les deux hommes ? De quoi est-ce une parodie ?

SCÈNE 4. TRISSOTIN, PHILAMINTE, ARMANDE, BÉLISE, HENRIETTE.

TRISSOTIN

1045 À mon emportement ne donnez aucun blâme :
C'est votre jugement que je défends, madame,
Dans le sonnet qu'il a l'audace d'attaquer.

PHILAMINTE

À vous remettre bien je me veux appliquer.
Mais parlons d'autre affaire. Approchez, Henriette.
1050 Depuis assez longtemps mon âme s'inquiète
De ce qu'aucun esprit[1] en vous ne se fait voir ;
Mais je trouve un moyen de vous en faire avoir.

HENRIETTE

C'est prendre un soin pour moi qui n'est pas nécessaire.
Les doctes entretiens ne sont point mon affaire.
1055 J'aime à vivre aisément[2], et dans tout ce qu'on dit
Il faut se trop peiner pour avoir de l'esprit.
C'est une ambition que je n'ai point en tête.
Je me trouve fort bien, ma mère, d'être bête.
Et j'aime mieux n'avoir que de communs propos
1060 Que de me tourmenter pour dire de beaux mots.

PHILAMINTE

Oui ; mais j'y[3] suis blessée, et ce n'est pas mon compte[4]
De souffrir dans mon sang une pareille honte.
La beauté du visage est un frêle ornement,
Une fleur passagère, un éclat d'un moment,

---

1. *Esprit :* curiosité, activité intellectuelle.
2. *Aisément :* sans contrainte.
3. *Y :* en cela.
4. *Ce n'est pas mon compte :* ce n'est pas à mon avantage.

1065 Et qui s'est attaché qu'à la simple épiderme[1] ;
Mais celle de l'esprit est inhérente[2] et ferme.
J'ai donc cherché longtemps un biais de vous donner
La beauté que les ans ne peuvent moissonner,
De faire entrer chez vous le désir des sciences,
1070 De vous insinuer les belles connaissances ;
Et la pensée enfin où[3] mes vœux ont souscrit,
C'est d'attacher à vous un homme plein d'esprit,
Et cet homme est monsieur, que je vous détermine[4]
À voir comme l'époux que mon choix vous destine.

HENRIETTE

1075 Moi, ma mère ?

PHILAMINTE

Oui, vous. Faites la sotte un peu.

BÉLISE, *à Trissotin.*

Je vous entends. Vos yeux demandent mon aveu
Pour engager ailleurs un cœur que je possède.
Allez, je le veux bien. À ce nœud je vous cède[5] :
C'est un hymen qui fait votre établissement.

TRISSOTIN, *à Henriette.*

1080 Je ne sais que vous dire en mon ravissement,
Madame, et cet hymen dont je vois qu'on m'honore
Me met...

HENRIETTE

Tout beau, monsieur ! il n'est pas fait encore ;
Ne vous pressez pas tant.

---

1. *Épiderme :* parfois féminin au XVIIᵉ siècle.
2. *Inhérente :* attachée fermement à la personne.
3. *Où :* à laquelle.
4. *Détermine :* oblige.
5. *À ce nœud je vous cède :* je vous libère pour ce mariage.

PHILAMINTE

Comme vous répondez !
Savez-vous bien que si... ? Suffit, vous m'entendez.
(À Trissotin.)
1085 Elle se rendra sage. Allons, laissons-la faire.

SCÈNE 5.   HENRIETTE, ARMANDE.

ARMANDE

On voit briller pour vous les soins de notre mère ;
Et son choix ne pouvait d'un plus illustre époux...

HENRIETTE

Si le choix est si beau, que ne le prenez-vous ?

ARMANDE

C'est à vous, non à moi, que sa main est donnée.

HENRIETTE

1090 Je vous le cède tout[1], comme à ma sœur aînée.

ARMANDE

Si l'hymen, comme à vous, me paraissait charmant,
J'accepterais votre offre avec ravissement.

HENRIETTE

Si j'avais, comme vous, les pédants dans la tête[2],
Je pourrais le trouver un parti fort honnête[3].

ARMANDE

1095 Cependant, bien qu'ici nos goûts soient différents,
Nous devons obéir, ma sœur, à nos parents ;
Une mère a sur nous une entière puissance,
Et vous croyez en vain par votre résistance...

---

1. *Je vous ... tout :* je vous le concède entièrement, sans hésitation.
2. *Les pédants dans la tête :* une passion pour les pédants.
3. *Honnête :* convenable.

SCÈNE 6. CHRYSALE, ARISTE, CLITANDRE, HENRIETTE, ARMANDE.

CHYRSALE, *à Henriette, en lui présentant Clitandre.*
Allons, ma fille, il faut approuver mon dessein.
1100 Ôtez ce gant[1]. Touchez à monsieur dans la main[2],
Et le considérez[3] désormais dans votre âme
En homme dont je veux que vous soyez la femme.

ARMANDE
De ce côté, ma sœur, vos penchants sont fort grands.

HENRIETTE
Il nous faut obéir, ma sœur, à nos parents ;
1105 Un père a sur nos vœux une entière puissance.

ARMANDE
Une mère a sa part à notre obéissance.

CHRYSALE
Qu'est-ce à dire ?

ARMANDE
Je dis que j'appréhende fort
Qu'ici ma mère et vous ne soyez pas d'accord,
Et c'est un autre époux...

CHRYSALE
Taisez-vous, péronnelle[4].
1110 Allez philosopher tout le soûl[5] avec elle,

---

1. *Gant :* les femmes de la bonne société portent des gants quand elles reçoivent.
2. *Touchez ... main :* donnez-lui la main en signe d'accord.
3. *Et le considérez :* et considérez-le.
4. *Péronnelle :* femme sotte et bavarde.
5. *Tout le soûl :* à satiété, à plaisir.

Et de mes actions ne vous mêlez en rien.
Dites-lui ma pensée et l'avertissez[1] bien
Qu'elle ne vienne pas m'échauffer les oreilles.
Allons, vite.

ARISTE

Fort bien : vous faites des merveilles.

CLITANDRE

1115 Quel transport ! quelle joie ! Ah ! que mon sort est
[doux !

CHRYSALE, à Clitandre.

Allons, prenez sa main et passez devant nous,
(À Ariste.)
Menez-la dans sa chambre. Ah ! les douces caresses[2] !
Tenez, mon cœur s'émeut à toutes ces tendresses ;
Cela regaillardit[3] tout à fait mes vieux jours,
1120 Et je me ressouviens de mes jeunes amours.

---

1. *Et l'avertissez :* et avertissez-le.
2. *Caresse :* manifestations d'amour et de tendresse mutuelles.
3. *Regaillardit :* nous dirions aujourd'hui « ragaillardit ».

Acte III scènes 4, 5 et 6

MA FILLE, VOICI VOTRE FUTUR...

1. Il s'agit maintenant de parler affaire, et plus précisément mariage. Quels reproches Philaminte adresse-t-elle à Henriette (sc. 4) ? Quelle solution propose-t-elle ?

2. Montrez que la réaction de Philaminte à l'attitude d'Henriette (v. 1061-1062) ressemble à la réaction de Bélise face à l'attitude de Chrysale (v. 618-620).

3. Pourquoi Henriette s'exprime-t-elle ouvertement à propos de l'intellectualité excessive des « savantes » ? Que devine-t-elle ?

4. Comment Bélise confirme-t-elle dans cette scène ce que l'on sait d'elle ? (Faites le rapprochement nécessaire avec l'acte I, sc. 4, et l'acte II, sc. 3).

5. Comment Trissotin prend-il la proposition de Philaminte ? Quelle est son attitude à l'égard d'Henriette ? (Faites un rapprochement avec les vers 733-734 qu'il lui adresse acte III, sc. 2).

JE N'EN FERAI RIEN, MA SŒUR...

6. Ni Henriette, ni Armande ne semblent désirer Trissotin comme mari... Pourtant l'une comme l'autre s'invitent à le prendre pour époux : relevez leurs arguments respectifs (sc. 5).

7. Dans quelle mesure les deux sœurs pourraient-elles s'imiter l'une l'autre ? Imaginez la gestuelle, ainsi que le jeu des tons.

8. Quelle est la morale développée par Armande (déjà vue à l'acte II, sc. 2) sur la légitimité du mariage ? Pourquoi ?

« TAISEZ-VOUS, PÉRONNELLE ! »

9. Quel « camp », par rapport au projet matrimonial Henriette-Clitandre, voyons-nous réuni scène 6 ? Comparez la façon dont la proposition est faite à Henriette par rapport à celle de la scène 4, v. 1071-1074. Relevez le nombre de verbes de volonté. Faites la différence entre les verbes de pensée et les verbes d'action, puis entre les verbes marquant la tranquillité/la précipitation. Qu'en concluez-vous ?

10. Comment les vers 1118-1120 prononcés par Chrysale peuvent-ils être rapprochés de ceux qu'il proférait (II, sc. 2) ? Sont-ils de bon augure pour la suite des événements ?

11. À quoi attribuez-vous la violence de la répartie de Chrysale à Armande (v. 1109-1113) ?

Questions sur l'ensemble de l'acte III

1. Les trois premières scènes de l'acte III apportent-elles une réponse, quelle qu'elle soit, sur l'avenir d'Henriette ?

2. Quelle est la valeur de ces scènes ? Comment illustrent-elles le titre de la pièce ?

3. Quelles sont les prétentions socioculturelles de Philaminte et de sa fille ? Qu'est-ce que le féminisme ? La notion s'applique-t-elle à l'attitude de Philaminte et d'Armande ? Qu'est-ce qu'une utopie ? Le terme s'applique-t-il à la vision de la société par Philaminte et par Armande ?

4. Quelle est la fonction du bloc dramatique constitué par les sc. 4, 5, 6 par rapport à celui des sc. 1, 2, 3 ?

5. Dans quelle mesure l'affrontement Trissotin-Vadius peut-il être profitable, selon vous, à l'enjeu de la pièce ?

6. Les deux propositions faites à Henriette s'annulent-elles ou y en a-t-il une qui prévale sur l'autre ? Pourquoi ? Y a-t-il déjà eu un affrontement entre Chrysale et Philaminte concernant le mariage ? (Rappelez-vous la sc. 8 de l'acte II.)

7. Armande exprime-t-elle des arguments nouveaux à la sc. 5 ? En fait, qui représente-t-elle à la sc. 6 ? Quel affrontement attendu par le spectateur est-elle chargée de préfigurer ?

8. Le spectateur est-il entièrement rassuré par le fait que Chrysale ait le dernier mot de l'acte ?

Acte IV

SCÈNE PREMIÈRE. ARMANDE, PHILAMINTE.

ARMANDE

Oui, rien n'a retenu son esprit en balance[1].
Elle a fait vanité de son obéissance[2].
Son cœur, pour se livrer, à peine devant moi
S'est-il donné le temps d'en recevoir la loi,
1125 Et semblait suivre moins les volontés d'un père
Qu'affecter de braver les ordres d'une mère.

PHILAMINTE

Je lui montrerai bien aux lois de qui des deux
Les droits de la raison soumettent tous ses vœux,
Et qui doit gouverner, ou sa mère ou son père,
1130 Ou l'esprit ou le corps, la forme ou la matière[3].

ARMANDE

.On vous en[4] devait bien au moins un compliment,
Et ce petit monsieur en use étrangement
De vouloir malgré vous devenir votre gendre.

PHILAMINTE

Il n'en est pas encore où son cœur peut prétendre.
1135 Je le trouvais bien fait, et j'aimais vos amours ;

---

1. *N'a retenu son esprit en balance :* ne l'a fait hésiter.
2. *Fait vanité de son obéissance :* tire orgueil (d'obéir à son père).
3. *Forme ... matière :* selon le philosophe Aristote, la forme organise
et anime la matière.
4. *En :* en cette circonstance.

Mais, dans ses procédés, il m'a déplu toujours.
Il sait que, Dieu merci, je me mêle d'écrire,
Et jamais il ne m'a prié[1] de lui rien lire.

SCÈNE 2. CLITANDRE, *entrant doucement et évitant de se montrer* ; ARMANDE, PHILAMINTE.

ARMANDE

Je ne souffrirais point, si j'étais que de vous,
1140 Que jamais d'Henriette il pût être l'époux.
On me ferait grand tort d'avoir quelque pensée[2]
Que là-dessus je parle en fille intéressée,
Et que le lâche tour que l'on voit qu'il me fait
Jette au fond de mon cœur quelque dépit secret.
1145 Contre de pareils coups l'âme se fortifie
Du solide secours de la philosophie,
Et par elle on se peut mettre au-dessus de tout ;
Mais vous traiter ainsi, c'est vous pousser à bout.
Il est de votre honneur d'être à ses vœux contraire,
1150 Et c'est un homme enfin qui ne doit point vous plaire.
Jamais je n'ai connu, discourant[3] entre nous,
Qu'il eût au fond du cœur de l'estime pour vous.

PHILAMINTE

Petit sot !

ARMANDE

Quelque bruit que votre gloire fasse,
Toujours à[4] vous louer il a paru de glace.

---

1. *Prié :* au lieu de priée (la règle d'accord du participe passé n'est pas encore fixée).
2. *D'avoir quelque pensée :* si l'on pouvait penser...
3. *Discourant entre nous :* quand nous discourions ensemble.
4. *À :* pour.

PHILAMINTE

1155 Le brutal[1] !

ARMANDE

Et vingt fois, comme ouvrages nouveaux,
J'ai lu des vers de vous qu'il n'a point trouvés beaux.

PHILAMINTE

L'impertinent[2] !

ARMANDE

Souvent nous en[3] étions aux prises ;
Et vous ne croiriez point de combien de sottises...

CLITANDRE

Eh ! doucement, de grâce. Un peu de charité,
1160 Madame, ou tout au moins un peu d'honnêteté[4].
Quel mal vous ai-je fait ? et quelle est mon offense
Pour armer contre moi toute votre éloquence ?
Pour vouloir me détruire[5] et prendre tant de soin
De me rendre odieux aux gens dont j'ai besoin ?
1165 Parlez, dites, d'où vient ce courroux effroyable ?
Je veux bien que madame en soit juge équitable.

ARMANDE

Si j'avais le courroux dont on veut m'accuser,
Je trouverais assez de quoi l'autoriser[6].
Vous en seriez trop digne, et les premières flammes
1170 S'établissent des droits si sacrés sur les âmes
Qu'il faut perdre fortune[7] et renoncer au jour

---

1. *Brutal :* grossier, impoli.
2. *Impertinent :* insolent.
3. *En :* à ce propos, à cause de cela.
4. *Honnêteté :* noblesse d'âme, de sentiment.
5. *Détruire :* ruiner la réputation de quelqu'un.
6. *Autoriser :* justifier.
7. *Perdre fortune :* perdre son rang, sacrifier sa situation.

Plutôt que de brûler des feux d'un autre amour.
Au changement de vœux[1] nulle horreur ne s'égale,
Et tout cœur infidèle est un monstre en morale.

CLITANDRE

1175 Appelez-vous, madame, une infidélité
Ce que m'a de votre âme ordonné la fierté[2] ?
Je ne fais qu'obéir aux lois qu'elle m'impose,
Et, si je vous offense, elle seule en est cause.
Vos charmes ont d'abord possédé tout mon cœur.
1180 Il a brûlé deux ans d'une constante ardeur ;
Il n'est soins empressés, devoirs, respects, services,
Dont il ne vous ait fait d'amoureux sacrifices.
Tous mes feux, tous mes soins, ne peuvent[3] rien sur
                                                    [vous ;
Je vous trouve contraire à mes vœux les plus doux :
1185 Ce que vous refusez, je l'offre au choix d'une autre[4].
Voyez : est-ce, madame, ou ma faute ou la vôtre ?
Mon cœur court-il au change ou si vous l'y poussez[5] ?
Est-ce moi qui vous quitte, ou vous qui me chassez ?

ARMANDE

Appelez-vous, monsieur, être à vos vœux contraire
1190 Que de leur arracher ce qu'ils ont de vulgaire
Et vouloir les réduire à cette pureté
Où du parfait amour consiste la beauté ?
Vous ne sauriez pour moi tenir votre pensée
Du commerce des sens[6] nette et débarrassée ?

---

1. *Changement de vœux* : passage d'un cœur à un autre.
2. *Fierté* : cruauté.
3. *Peuvent* : présent de narration à valeur de passé.
4. *Je l'offre... autre* : je le soumets à la décision d'une autre.
5. *Mon cœur... poussez* : mon cœur est-il inconstant ou est-ce vous qui le poussez à l'être ?
6. *Du commerce des sens* : des relations charnelles.

1195 Et vous ne goûtez point dans ses plus doux appas
Cette union des cœurs où les corps n'entrent pas ?
Vous ne pouvez aimer que d'une amour grossière[1] ;
Qu'avec tout l'attirail des nœuds[2] de la matière ;
Et, pour nourrir les feux que chez vous on produit,
1200 Il faut un mariage, et tout ce qui s'ensuit.
Ah ! quel étrange amour ! et que les belles âmes
Sont bien loin de brûler de ces terrestres flammes !
Les sens n'ont point de part à toutes leurs ardeurs[3],
Et ce beau feu ne veut marier que les cœurs ;
1205 Comme une chose indigne il laisse là le reste.
C'est un feu pur et net comme le feu céleste ;
On ne pousse avec lui que d'honnêtes soupirs,
Et l'on ne penche point vers les sales désirs.
Rien d'impur ne se mêle au but qu'on se propose.
1210 On aime pour aimer, et non pour autre chose.
Ce n'est qu'à l'esprit seul que vont tous les transports,
Et l'on ne s'aperçoit jamais qu'on ait un corps.

CLITANDRE

Pour moi, par un malheur, je m'aperçois, madame,
Que j'ai, ne vous déplaise, un corps tout comme une
[âme ;
1215 Je sens qu'il y tient trop[4] pour le laisser à part ;
De ces détachements je ne connais point l'art ;
Le ciel m'a dénié[5] cette philosophie,
Et mon âme et mon corps marchent de compagnie.

---

1. *Amour grossière* : amour sans élégance, peu civilisée ; amour est
d'un genre indécis au XVIIe s.
2. *Nœuds* : attachements, liens.
3. *Ardeurs* : désirs.
4. *Je sens qu'il y tient trop* : je sens qu'il (le corps) est trop lié avec
elle (l'âme).
5. *Dénié* : refusé.

Il n'est rien de plus beau, comme vous avez dit,
1220 Que ces vœux épurés qui ne vont qu'à l'esprit,
Ces unions de cœurs, et ces tendres pensées
Du commerce des sens si bien débarrassées ;
Mais ces amours pour moi sont trop subtilisés[1] :
Je suis un peu grossier, comme vous m'accusez ;
1225 J'aime avec tout moi-même[2], et l'amour qu'on me donne
En veut, je le confesse, à toute la personne.
Ce n'est pas là matière à de grands châtiments ;
Et, sans faire de tort à vos beaux sentiments,
Je vois que dans le monde on suit fort ma méthode,
1230 Et que le mariage est assez à la mode,
Passe pour un lien assez honnête et doux,
Pour avoir désiré[3] de me voir votre époux,
Sans que la liberté d'une telle pensée
Ait dû vous donner lieu d'en paraître offensée.

ARMANDE

1235 Hé bien, monsieur, hé bien, puisque, sans m'écouter,
Vos sentiments brutaux[4] veulent se contenter ;
Puisque, pour vous réduire à des ardeurs fidèles,
Il faut des nœuds de chair, des chaînes corporelles,
Si ma mère le veut, je résous mon esprit[5]
1240 À consentir pour vous à ce dont il s'agit.

CLITANDRE

Il n'est plus temps, madame : une autre a pris la place ;
Et par un tel retour[6] j'aurais mauvaise grâce

---

1. *Subtilisés* : raffinés, presque immatériels.
2. *Avec tout moi-même* : corps et âme.
3. *Pour avoir désiré* : pour que j'aie désiré.
4. *Brutal* : grossier, impoli.
5. *Je résous mon esprit* : j'impose à mon esprit.
6. *Retour* : revirement.

De maltraiter l'asile et blesser les bontés
Où je me suis sauvé de toutes vos fiertés[1].

PHILAMINTE

1245 Mais enfin comptez-vous, monsieur, sur mon suffrage,
Quand vous vous promettez cet autre mariage ?
Et, dans vos visions[2], savez-vous, s'il vous plaît,
Que j'ai pour Henriette un autre époux tout prêt ?

CLITANDRE

Eh ! madame, voyez votre choix, je vous prie ;
1250 Exposez-moi, de grâce, à moins d'ignominie[3]
Et ne me rangez pas à l'indigne destin
De me voir le rival de monsieur Trissotin.
L'amour des beaux esprits, qui chez vous[4] m'est contraire,
Ne pouvait m'opposer un moins noble adversaire.
1255 Il en est, et plusieurs, que, pour le bel esprit,
Le mauvais goût du siècle a su mettre en crédit[5] ;
Mais monsieur Trissotin n'a pu duper personne
Et chacun rend justice aux écrits qu'il nous donne.
Hors céans[6], on le prise[7] en tous lieux ce qu'il vaut ;
1260 Et ce qui m'a vingt fois fait tomber de mon haut[8],
C'est de vous voir au ciel élever des sornettes
Que vous désavoueriez si vous les aviez faites.

PHILAMINTE

Si vous jugez de lui tout autrement que nous,
C'est que nous le voyons par d'autres yeux que vous.

---

1. *Fiertés :* cruautés.
2. *Visions :* idées extravagantes et chimériques.
3. *Ignominie :* déshonneur.
4. *Chez vous :* en vous.
5. *En crédit :* à l'honneur, en bonne réputation.
6. *Hors céans :* ailleurs qu'en cette maison.
7. *Prise :* estime.
8. *Fait tomber de mon haut :* stupéfait, abasourdi.

Acte IV scène 1 et 2

FILLE MODÈLE ET RAPPORTEUSE...

1. Armande rapporte « fidèlement » à sa mère l'attitude de sa sœur. Sur quels registres joue-t-elle auprès de Philaminte ?

2. Armande en profite également pour perdre Clitandre dans l'esprit de Philaminte. Comment et pourquoi ? De quelle nature vous paraît l'opinion de Philaminte à propos de Clitandre ?

UN ABSENT QUI ESSAIE DE NE PAS AVOIR TORT...

3. Quel personnage intervient dans la scène 2 ? Qu'apporte cette intervention par rapport à la scène 1 ?

4. Comment Armande se disculpe-t-elle de sentiments méprisables aux yeux de sa mère ? Quel argument propre à convaincre Philaminte emploie-t-elle ? De quelle manière nuit-elle à Clitandre tout en faisant l'éloge discret de Trissotin ? Expliquez le revirement d'Armande aux v. 1236-1240. Que révèle-t-il ?

5. Montrez que l'emploi du mot « courroux » par Clitandre pour désigner la tentative de dénigrement de sa personne, empêche Armande de rester dans les faux-semblants.

6. Les reproches d'insensibilité adressés à Armande par Clitandre sont-ils bien différents de ceux qu'il lui adressait, v. 135-154 (I, 2) ? Qu'est-ce que la présence de Philaminte apporte ici ?

7. Qu'est-ce que l'amour « platonique » ? (Cherchez la définition du mot.) Le terme peut-il s'appliquer à la tirade d'Armande ? En quoi celle-ci flatte-t-elle les goûts de Philaminte ?

8. Dans la tirade d'Armande, relevez les expressions de sens matériel, de sens spirituel ou abstrait, du pur et de l'abject. Quels sont les termes équivalents à ceux du tableau suggéré p. 32, question 7 ?

9. Comment se présente la défense de Clitandre (v. 1213-1234) ? Rapprochez ses arguments de ceux évoqués par Chrysale (II, 7, v. 531 et 542-543). À qui cette tirade s'adresse-t-elle réellement ?

10. Quel est l'effet psychologique de l'attaque de Clitandre contre Trissotin ? Quelle est sa justification théâtrale ?

SCÈNE 3.   TRISSOTIN, ARMANDE, PHILAMINTE, CLITANDRE.

TRISSOTIN

1265 Je viens vous annoncer une grande nouvelle.
Nous l'avons, en dormant, madame, échappé belle :
Un monde[1] près de nous a passé tout du long,
Est chu tout au travers de notre tourbillon ;
Et, s'il eût en chemin rencontré notre terre,
1270 Elle eût été brisée en morceaux comme verre.

PHILAMINTE

Remettons ce discours pour une autre saison,
Monsieur n'y trouverait ni rime ni raison[2] ;
Il fait profession de[3] chérir l'ignorance,
Et de haïr surtout l'esprit et la science.

CLITANDRE

1275 Cette vérité veut quelque adoucissement.
Je m'explique, madame ; et je hais seulement
La science et l'esprit qui gâtent les personnes.
Ce sont choses de soi[4] qui sont belles et bonnes ;
Mais j'aimerais mieux être au rang des ignorants
1280 Que de me voir savant comme certaines gens.

TRISSOTIN

Pour moi, je ne tiens pas, quelque effet qu'on suppose,
Que[5] la science soit pour gâter quelque chose.

---

1. *Un monde :* un astre. (Cotin avait écrit des « Galanteries » sur la comète apparue en décembre 1664 et janvier 1665.)
2. *Ni rime, ni raison :* aucune logique, que de l'absurdité.
3. *Il fait profession de :* il se vante de.
4. *De soi :* par elles-mêmes.
5. *Je ne tiens pas... que :* je ne suis pas d'avis que.

135

CLITANDRE

Et c'est mon sentiment qu'en faits comme en propos
La science est sujette à faire de grands sots.

TRISSOTIN

1285 Le paradoxe est fort.

CLITANDRE

Sans être fort habile,
La preuve m'en serait, je pense, assez facile.
Si·les raisons manquaient, je suis sûr qu'en tout cas
Les exemples fameux[1] ne me manqueraient pas.

TRISSOTIN

Vous en pourriez citer qui ne concluraient guère.

CLITANDRE

1290 Je n'irais pas bien loin pour trouver mon affaire.

TRISSOTIN

Pour moi, je ne vois pas ces exemples fameux.

CLITANDRE

Moi, je les vois si bien qu'ils me crèvent les yeux.

TRISSOTIN

J'ai cru jusques ici que c'était l'ignorance
Qui faisait les grands sots, et non pas la science.

CLITANDRE

1295 Vous avez cru fort mal, et je vous suis garant
Qu'un sot savant est sot plus qu'un sot ignorant.

TRISSOTIN

Le sentiment commun[2] est contre vos maximes[3],
Puisque ignorant et sot sont termes synonymes.

---

1. *Fameux :* connus, réputés.
2. *Sentiment commun :* le bon sens.
3. *Maximes :* principes.

CLITANDRE

Si vous le voulez prendre aux[1] usages du mot,
1300 L'alliance est plus grande entre pédant et sot.

TRISSOTIN

La sottise dans l'un se fait voir toute pure.

CLITANDRE

Et l'étude dans l'autre ajoute à la nature.

TRISSOTIN

Le savoir garde en soi son mérite éminent.

CLITANDRE

Le savoir dans un fat[2] devient impertinent[3].

TRISSOTIN

1305 Il faut que l'ignorance ait pour vous de grands charmes,
Puisque pour elle ainsi vous prenez tant les armes.

CLITANDRE

Si pour moi l'ignorance a des charmes bien grands,
C'est depuis qu'à mes yeux s'offrent certains savants.

TRISSOTIN

Ces certains savants-là peuvent, à les connaître[4],
1310 Valoir certaines gens que nous voyons paraître[5].

CLITANDRE

Oui, si l'on s'en rapporte à ces certains savants ;
Mais on n'en convient pas chez ces certaines gens.

---

1. *Si vous le voulez prendre aux... :* si vous voulez argumenter sur...
2. *Fat :* sot qui fait l'important.
3. *Impertinent :* déplacé, inconvenant, incongru.
4. *À les connaître :* quand on les connaît.
5. *Paraître :* se montrer, se faire remarquer.

PHILAMINTE, *à Clitandre.*

Il me semble, monsieur...

CLITANDRE

Eh ! madame, de grâce,

Monsieur est assez fort sans qu'à son aide on passe :

1315 Je n'ai déjà que trop d'un si rude assaillant ;

Et si je me défends, ce n'est qu'en reculant.

ARMANDE

Mais l'offensante aigreur de chaque repartie

Dont vous...

CLITANDRE

Autre second[1], je quitte la partie.

PHILAMINTE

On souffre aux entretiens[2] ces sortes de combats,

1320 Pourvu qu'à la personne on ne s'attaque pas.

CLITANDRE

Eh ! mon Dieu, tout cela n'a rien dont il s'offense ;

Il entend raillerie[3] autant qu'homme de France,

Et de bien d'autres traits[4] il s'est senti piquer

Sans que jamais sa gloire[5] ait fait que s'en moquer.

TRISSOTIN

1325 Je ne m'étonne pas, au combat que j'essuie,

De voir prendre à monsieur la thèse qu'il appuie.

Il est fort enfoncé dans la cour[6], c'est tout dit :

La cour, comme l'on sait, ne tient pas pour[7] l'esprit,

---

1. *Second :* assistant d'un combattant dans un duel.
2. *Aux entretiens :* dans les entretiens.
3. *Entend raillerie :* comprend la plaisanterie.
4. *Traits :* critiques.
5. *Gloire :* réputation.
6. *Il est fort enfoncé dans la cour :* c'est un habitué de la cour.
7. *Ne tient pas pour :* n'accorde guère d'importance à.

Elle a quelque intérêt d'appuyer l'ignorance,
1330 Et c'est en courtisan qu'il en prend la défense.

CLITANDRE

Vous en voulez beaucoup à cette pauvre cour,
Et son malheur est grand de voir que chaque jour
Vous autres, beaux esprits, vous déclamiez contre elle,
Que de tous vos chagrins[1] vous lui fassiez querelle,
1335 Et, sur son méchant goût lui faisant son procès,
N'accusiez que lui seul de vos méchants succès.
Permettez-moi, monsieur Trissotin, de vous dire,
Avec tout le respect que votre nom m'inspire,
Que vous feriez fort bien, vos confrères et vous,
1340 De parler de la cour d'un ton un peu plus doux ;
Qu'à le bien prendre, au fond, elle n'est pas si bête
Que vous autres, messieurs, vous vous mettez en tête ;
Qu'elle a du sens commun[2] pour se connaître à tout[3],
Que chez elle on se peut former quelque bon goût,
1345 Et que l'esprit du monde y vaut, sans flatterie,
Tout le savoir obscur de la pédanterie.

TRISSOTIN

De son bon goût, monsieur, nous voyons des effets.

CLITANDRE

Où voyez-vous, monsieur, qu'elle l'ait si mauvais ?

TRISSOTIN

Ce que je vois, monsieur, c'est que pour la science
1350 Rasius et Baldus[4] font honneur à la France,

---

1. *Chagrins* : accès de mauvaise humeur.
2. *Sens commun* : bon sens.
3. *Se connaître à tout* : avoir des connaissances sur tous les sujets.
4. *Rasius et Baldus* : savants imaginaires qui, suivant la mode du temps, auraient latinisé leur nom.

Et que tout leur mérite, exposé fort au jour,
N'attire point les yeux et les dons de la cour[1].

CLITANDRE

Je vois votre chagrin, et que par modestie
Vous ne vous mettez point, monsieur, de la partie ;
1355 Et, pour ne vous point mettre aussi dans le propos,
Que font-ils pour l'État, vos habiles héros ?
Qu'est-ce que leurs écrits lui rendent de service[2],
Pour accuser la cour d'une horrible injustice
Et se plaindre en tous lieux que sur leurs doctes noms
1360 Elle manque à verser la faveur de ses dons ?
Leur savoir à la France est beaucoup nécessaire !
Et des livres qu'ils font la cour a bien affaire !
Il semble à trois gredins[3], dans leur petit cerveau,
Que, pour être imprimés[4] et reliés en veau,
1365 Les voilà dans l'État d'importantes personnes ;
Qu'avec leur plume ils font les destins des couronnes ;
Qu'au moindre petit bruit de leurs productions
Ils doivent voir chez eux voler les pensions ;
Que sur eux l'univers a la vue attachée ;
1370 Que partout de leur nom la gloire est épanchée,
Et qu'en science ils sont des prodiges fameux[5],
Pour savoir ce qu'ont dit les autres avant eux,
Pour avoir eu trente ans des yeux et des oreilles,
Pour avoir employé neuf ou dix mille veilles
1375 À se bien barbouiller de grec et de latin,

---

1. *Dons :* allusion aux pensions que Colbert, sur l'ordre de Louis XIV,
allouait aux savants, écrivains, artistes.
2. *De service :* comme service.
3. *Gredins :* gueux, misérables.
4. *Pour être imprimés :* parce qu'ils sont imprimés.
5. *Prodiges fameux :* génies réputés.

Et se charger l'esprit d'un ténébreux butin[1]
De tous les vieux fatras qui traînent dans les livres ;
Gens qui de leur savoir paraissent toujours ivres ;
Riches, pour tout mérite, en babil[2] importun,
1380 Inhabiles à tout, vides de sens commun,
Et pleins d'un ridicule et d'une impertinence[3]
À décrier[4] partout l'esprit et la science.

PHILAMINTE

Votre chaleur est grande, et cet emportement
De la nature en vous marque le mouvement ;
1385 C'est le nom de rival qui dans votre âme excite...

1. *Ténébreux butin :* savoir emprunté, obscur, compliqué.
2. *Babil :* bavardage.
3. *Impertinence :* sottise, inconvenance.
4. *À décrier :* de nature à déshonorer, déconsidérer.

141

Acte IV scène 3

RIVAUX EN AMOUR, RIVAUX EN ESPRIT ?

1. Justement, Trissotin arrive, la bouche en cœur, en représentation de bel esprit. Qu'est-il censé révéler à Philaminte ? Quelle science fait-il intervenir ? (Faites les rapprochements avec les vers 565-566, 591-592 et 889-890.) Montrez comment Trissotin sait se faire valoir par la mise en scène de son propos.

2. Quel accueil Philaminte fait-elle à l'information fournie par Trissotin ? Pourquoi ?

3. En pratique, Philaminte provoque l'affrontement verbal des deux prétendants d'Henriette. Distinguez, en les situant précisément, les différentes étapes de la confrontation. Montrez que la joute de Clitandre et de Trissotin est d'abord une joute verbale (jeux de mots, ironie, allusions, doubles sens, etc.). Que signifie le fait que Trissotin abandonne la subtilité au profit de l'attaque directe ? Justifiez votre réponse.

4. Pourquoi les « savantes », et notamment Philaminte (v. 1319-1320), veulent-elles limiter la querelle à un débat purement littéraire ou de salon ?

5. Rapprochez les arguments contenus dans les réponses de Clitandre (v. 1331-1346, 1353-1382) à propos de la vanité de Trissotin, de ceux qu'il avançait acte I sc. 4 (vers 245-260 et 262-268). Étudiez le passage du particulier au général. Pourquoi le particulier est-il abandonné ?

6. Quel genre de culture et de comportement social Molière oppose-t-il en Trissotin et Clitandre ? Quel écrivain pouvez-vous voir derrière le type du pédant, et qui Clitandre pourrait-il représenter ? (Voir Première approche.)

SCÈNE 4. JULIEN, TRISSOTIN, PHILAMINTE, CLITANDRE, ARMANDE.

JULIEN

Le savant qui tantôt vous a rendu visite,
Et de qui j'ai l'honneur de me voir le valet,
Madame, vous exhorte à lire ce billet.

PHILAMINTE

Quelque important que soit ce qu'on veut que je lise,
1390 Apprenez, mon ami, que c'est une sottise
De se venir jeter au travers d'un discours,
Et qu'aux gens d'un logis il faut avoir recours,
Afin de s'introduire en valet qui sait vivre.

JULIEN

Je noterai cela, madame, dans mon livre.

PHILAMINTE *lit.*

« Trissotin s'est vanté, madame, qu'il épouserait votre
fille. Je vous donne avis que sa philosophie n'en veut
qu'à vos richesses, et que vous ferez bien de ne point
conclure ce mariage que vous n'ayez vu le poème que
je compose contre lui. En attendant cette peinture, où
je prétends vous le dépeindre de toutes ses couleurs, je
vous envoie Horace, Virgile, Térence et Catulle[1], où
vous verrez notés en marge tous les endroits qu'il a
pillés. »

PHILAMINTE *poursuit.*

1395 Voilà, sur cet hymen que je me suis promis,
Un mérite attaqué de beaucoup d'ennemis ;
Et ce déchaînement aujourd'hui me convie
À faire une action qui confonde l'envie[2]

---

1. Térence (190-159 av. J.-C.), Catulle (87-54 av. J.-C.) : poètes latins.
2. *Confond l'envie :* humilie les envieux.

143

Qui lui fasse sentir que l'effort qu'elle fait
1400 De ce qu'elle veut rompre aura pressé l'effet[1].
    (À Julien.)
Reportez tout cela sur l'heure à votre maître,
Et lui dites[2] qu'afin de lui faire connaître
Quel grand état je fais[3] de ses nobles avis,
Et comme je les crois dignes d'être suivis,
    (Montrant Trissotin.)
1405 Dès ce soir à monsieur je marierai ma fille.
    (À Clitandre.)
Vous, monsieur, comme ami de toute la famille,
À signer leur contrat vous pourrez assister,
Et je vous y veux bien de ma part inviter.
Armande, prenez soin d'envoyer au notaire[4]
1410 Et d'aller avertir votre sœur de l'affaire.

ARMANDE

Pour avertir ma sœur, il n'en est pas besoin,
Et monsieur que voilà saura prendre le soin
De courir lui porter bientôt cette nouvelle
Et disposer son cœur à vous être rebelle.

PHILAMINTE

1415 Nous verrons qui sur elle aura plus de pouvoir,
Et si je la saurai réduire à son devoir.
    (Elle s'en va.)

ARMANDE

J'ai grand regret, monsieur, de voir qu'à vos visées[5]
Les choses ne soient pas tout à fait disposées.

---

1. *L'effet :* l'accomplissement, la réalisation.
2. *Lui dites :* dites-lui.
3. *Quel grand état je fais... :* quel grand cas je fais...
4. *Envoyer au notaire :* envoyer quelqu'un chercher le notaire.
5. *Visées :* projets.

CLITANDRE

Je m'en vais travailler, madame, avec ardeur,
1420 À ne vous point laisser ce grand regret au cœur.

ARMANDE

J'ai peur que votre effort n'ait pas trop bonne issue.

CLITANDRE

Peut-être verrez-vous votre crainte déçue.

ARMANDE

Je le souhaite ainsi.

CLITANDRE

J'en suis persuadé
Et que de votre appui je serai secondé[1].

ARMANDE

1425 Oui, je vais vous servir de toute ma puissance.

CLITANDRE

Et ce service est sûr de ma reconnaissance.

SCÈNE 5. CHRYSALE, ARISTE, HENRIETTE, CLITANDRE.

CLITANDRE

Sans votre appui, monsieur, je serai malheureux :
Madame votre femme a rejeté mes vœux,
Et son cœur prévenu veut Trissotin pour gendre.

CHRYSALE

1430 Mais quelle fantaisie a-t-elle donc pu prendre ?
Pourquoi diantre vouloir ce monsieur Trissotin ?

---

1. *Secondé :* aidé.

ARISTE

C'est par l'honneur qu'il a de rimer à[1] latin
Qu'il a sur son rival emporté l'avantage.

CLITANDRE

Elle veut dès ce soir faire ce mariage.

CHRYSALE

1435 Dès ce soir ?

CLITANDRE

Dès ce soir.

CHRYSALE

Et dès ce soir je veux,
Pour la contrecarrer, vous marier tous deux.

CLITANDRE

Pour dresser le contrat, elle envoie au notaire.

CHRYSALE

Et je vais le quérir pour celui qu'il doit faire.

CLITANDRE, *montrant Henriette.*

Et madame doit être instruite par sa sœur
1440 De l'hymen où l'on veut qu'elle apprête son cœur.

CHRYSALE

Et moi je lui commande, avec pleine puissance,
De préparer sa main à cette autre alliance.
Ah ! je leur ferai voir si, pour donner la loi,
Il est dans ma maison d'autre maître que moi.
     (À Henriette.)
1445 Nous allons revenir, songez à nous attendre.
Allons, suivez mes pas, mon frère, et vous, mon gendre.

HENRIETTE, *à Ariste.*

Hélas ! dans cette humeur conservez-le toujours.

---

1. *À* : en.

ARISTE

J'emploierai toute chose à servir vos amours.

CLITANDRE

Quelque secours puissant qu'on promette à ma flamme,
1450 Mon plus solide espoir, c'est votre cœur, madame.

HENRIETTE

Pour mon cœur, vous pouvez vous assurer[1] de lui.

CLITANDRE

Je ne puis qu'être heureux quand j'aurai[2] son appui.

HENRIETTE

Vous voyez à quels nœuds on prétend le contraindre.

CLITANDRE

Tant qu'il sera pour moi, je ne vois rien à craindre.

HENRIETTE

1455 Je vais tout essayer pour nos vœux les plus doux ;
Et, si tous mes efforts ne me donnent à vous,
Il est une retraite où notre âme se donne[3],
Qui m'empêchera d'être à toute autre personne.

CLITANDRE

Veuille le juste ciel me garder en ce jour
1460 De recevoir de vous cette preuve d'amour.

---

1. *Vous assurer :* être sûr.
2. *Quand j'aurai :* tant que j'aurai, aussi longtemps que j'aurai.
3. *Une retraite où notre âme se donne :* le couvent.

147

Acte IV scènes 4 et 5

L'AIR DE LA CALOMNIE...

1. Quel est le nouvel intervenant dans la scène 4 ? Quelle nouvelle ressource scénique Molière met-il en jeu ?
2. Dans quelle mesure le billet lu par Philaminte poursuit-il la querelle des doctes de l'acte III ? Se situe-t-il à un plan uniquement littéraire ?
3. Qu'est-ce que Vadius propose à Philaminte ? Quel goût flatte-t-il chez elle ? Pourquoi, selon vous ? Quel est l'effet des manœuvres de Vadius ?

D'UN CAMP À L'AUTRE...

4. Montrez que les décisions de Chrysale sont symétriques aux informations fournies par Clitandre. Qu'est-ce que cela prouve de la part de Chrysale ?
5. Face aux doubles dispositions de mariage, commentez les réactions des personnages présents : Chrysale, Clitandre (1449-1450, 1454), Henriette (1455-1458) et Ariste (1448).
6. Commentez le dialogue amoureux d'Henriette et de Clitandre : quel effet produit-il ?

Questions sur l'ensemble de l'acte IV

1. L'acte III laissait présager une confrontation d'importance. L'affrontement en question résout-il le problème du double mariage ? Quel problème évoque-t-il plutôt ? Comment approfondit-il le débat littéraire de l'acte III ? Est-il aussi comique que celui-ci ?
2. En fait, la situation s'est dégradée et s'accélère. Montrez-en les diverses étapes. Quelles sont les causes de cette dégradation et de cette accélération ?
3. En quoi l'intervention d'Armande (sc. 1) et de Clitandre (sc. 5) sont-elles importantes au plan de l'action ?
4. La résolution prise par Chrysale (sc. 5), nous rassure-t-elle ?
5. Résumez le rapport des forces en présence à la fin de l'acte.

Acte V

SCÈNE PREMIÈRE. HENRIETTE, TRISSOTIN.

HENRIETTE

C'est sur le mariage où[1] ma mère s'apprête
Que j'ai voulu, monsieur, vous parler tête à tête,
Et j'ai cru, dans le trouble où je vois la maison,
Que je pourrais vous faire écouter la raison.
1465 Je sais qu'avec mes vœux vous me jugez capable
De vous porter en dot un bien considérable ;
Mais l'argent, dont on voit tant de gens faire cas,
Pour un vrai philosophe a d'indignes appas
Et le mépris du bien et des grandeurs frivoles
1470 Ne doit point éclater[2] dans vos seules paroles.

TRISSOTIN

Aussi n'est-ce point là ce qui me charme en vous ;
Et vos brillants attraits, vos yeux perçants et doux,
Votre grâce et votre air sont les biens, les richesses,
Qui vous ont attiré mes vœux et mes tendresses ;
1475 C'est de ces seuls trésors que je suis amoureux.

HENRIETTE

Je suis fort redevable à vos feux généreux[3].
Cet obligeant[4] amour a de quoi me confondre,
Et j'ai regret, monsieur, de n'y pouvoir répondre.

---

1. *Où* : auquel.
2. *Éclater* : se faire remarquer, se manifester.
3. *Généreux* : noble.
4. *Obligeant* : courtois.

Je vous estime autant qu'on saurait estimer,
1480 Mais je trouve un obstacle à vous pouvoir aimer.
Un cœur, vous le savez, à deux ne saurait être,
Et je sens que du mien Clitandre s'est fait maître.
Je sais qu'il a bien moins de mérite que vous,
Que j'ai de méchants yeux pour le choix d'un époux,
1485 Que par cent beaux talents vous devriez me plaire ;
Je vois bien que j'ai tort, mais je n'y puis que faire
Et tout ce que sur moi peut le raisonnement,
C'est de me vouloir mal[1] d'un tel aveuglement.

TRISSOTIN

Le don de votre main, où on me fait prétendre,
1490 Me livrera ce cœur que possède Clitandre,
Et par mille doux soins j'ai lieu de présumer
Que je pourrai trouver l'art de me faire aimer.

HENRIETTE

Non ; à ses premiers vœux mon âme est attachée,
Et ne peut de vos soins, monsieur, être touchée.
1495 Avec vous librement j'ose ici m'expliquer,
Et mon aveu n'a rien qui vous doive choquer.
Cette amoureuse ardeur qui dans les cœurs s'excite[2]
N'est point, comme l'on sait, un effet du mérite ;
Le caprice y prend part, et quand quelqu'un nous plaît,
1500 Souvent nous avons peine à dire pourquoi c'est.
Si l'on aimait, monsieur, par choix et par sagesse,
Vous auriez tout mon cœur et toute ma tendresse ;
Mais on voit que l'amour se gouverne autrement.
Laissez-moi, je vous prie, à mon aveuglement,
1505 Et ne vous servez point de cette violence
Que pour vous on veut faire à mon obéissance.

---

1. *Me vouloir mal :* m'en vouloir.
2. *S'excite :* s'éveille.

Quand on est honnête homme[1], on ne veut rien devoir
À ce que des parents ont sur nous de pouvoir.
On répugne à se faire immoler ce qu'on aime[2],
1510 Et l'on veut n'obtenir un cœur que de lui-même.
Ne poussez point ma mère à vouloir, par son choix,
Exercer sur mes vœux la rigueur de ses droits.
Ôtez-moi votre amour, et portez à quelque autre
Les hommages d'un cœur aussi cher[3] que le vôtre.

TRISSOTIN

1515 Le moyen que ce cœur puisse vous contenter ?
Imposez-lui des lois qu'il puisse exécuter.
De ne vous point aimer peut-il être capable ?
À moins que vous cessiez, madame, d'être aimable,
Et d'étaler aux yeux les célestes appas ?

HENRIETTE

1520 Eh ! monsieur, laissons là ce galimatias[4].
Vous avez tant d'Iris, de Philis, d'Amarantes[5],
Que partout dans vos vers vous peignez si charmantes,
Et pour qui vous jurez tant d'amoureuse ardeur...

TRISSOTIN

C'est mon esprit qui parle, et ce n'est pas mon cœur.
1525 D'elles on ne me voit amoureux qu'en poète ;
Mais j'aime tout de bon l'adorable Henriette.

HENRIETTE

Eh ! de grâce, monsieur...

---

1. *Honnête homme* : homme honorable, estimable.
2. *Se faire immoler ce qu'on aime* : obtenir la personne qu'on aime en la sacrifiant.
3. *Cher* : de grande valeur.
4. *Galimatias* : langage incompréhensible.
5. *Iris, Philis, Amarantes* : noms conventionnels que les poètes galants utilisent dans leurs œuvres pour désigner les femmes qu'ils aiment.

TRISSOTIN

     Si c'est vous offenser,
Mon offense envers vous n'est pas prête à cesser.
Cette ardeur, jusqu'ici de vos yeux ignorée,
1530 Vous consacre des vœux d'éternelle durée ;
Rien n'en peut arrêter les aimables transports,
Et, bien que vos beautés condamnent mes efforts,
Je ne puis refuser le secours d'une mère
Qui prétend couronner une flamme si chère,
1535 Et, pourvu que j'obtienne un bonheur si charmant[1],
Pourvu que je vous aie, il n'importe comment.

HENRIETTE

Mais savez-vous qu'on risque un peu plus qu'on ne
             [pense
À vouloir sur un cœur user de violence ;
Qu'il ne fait pas bien sûr[2], à vous le trancher net[3],
1540 D'épouser une fille en dépit qu'elle en ait[4],
Et qu'elle peut aller, en se voyant contraindre,
À des ressentiments[5] que le mari doit craindre ?

TRISSOTIN

Un tel discours n'a rien dont je sois altéré[6] :
À tous événements le sage est préparé.
1545 Guéri par la raison des faiblesses vulgaires[7],
Il se met au-dessus de ces sortes d'affaires,

---

1. *Charmant* : envoûtant.
2. *Il ne fait pas bien sûr* : il n'est pas sûr.
3. *À vous le trancher net* : pour vous l'exprimer clairement.
4. *En dépit qu'elle en ait* : malgré elle, malgré le dépit qu'elle manifeste.
5. *Ressentiments* : rancunes, rancœurs.
6. *Altéré* : inquiété.
7. *Vulgaires* : communes.

Et n'a garde de[1] prendre aucune ombre d'ennui[2]
De tout ce qui n'est pas pour dépendre de lui[3].

HENRIETTE

En vérité, monsieur, je suis de vous ravie[4] ;
1550 Et je ne pensais pas que la philosophie
Fût, si belle qu'elle est, d'instruire ainsi les gens
À porter constamment[5] de pareils accidents[6].
Cette fermeté d'âme à vous si singulière[7]
Mérite qu'on lui donne une illustre matière[8],
1555 Est digne de trouver qui prenne[9] avec amour
Les soins continuels de la mettre en son jour[10],
Et comme, à dire vrai, je n'oserais me croire
Bien propre à lui donner tout l'éclat de sa gloire[11],
Je le laisse à quelque autre et vous jure entre nous
1560 Que je renonce au bien[12] de vous voir mon époux.

TRISSOTIN

Nous allons voir bientôt comment ira l'affaire,
Et l'on a là-dedans[13] fait venir le notaire.

---

1. *N'avoir garde de :* ne pas avoir l'intention de.
2. *Ennui :* désespoir.
3. *De tout... lui :* de tout ce qui n'est pas fait pour dépendre de lui.
4. *Je suis de vous ravie :* je vous admire.
5. *Porter constamment :* supporter avec constance, sans se plaindre.
6. *Accident :* événement dû au hasard.
7. *À vous si singulière :* qui vous est si particulière.
8. *Matière :* occasion de se manifester.
9. *Qui prenne :* quelqu'un qui prenne.
10. *Mettre en son jour :* révéler, mettre en lumière.
11. *Gloire :* réputation.
12. *Bien :* bonheur.
13. *Là-dedans :* ici même.

153

Acte V scène 1

LA DÉCLARATION DE TRISSOTIN

1. Quels personnages sont en scène ? Lequel des deux prend l'initiative de s'adresser à l'autre ? Pourquoi ?

2. Par qui Henriette se dit-elle contrainte au mariage avec son interlocuteur (v. 1461, 1511-1512) ? Pourquoi utilise-t-elle un terme général au vers 1508 ? Montrez que, pour Trissotin, il n'y a pas d'ambiguïté : vers 1489, 1533, 1562.

3. Quels sont les arguments successifs opposés à Trissotin par Henriette afin d'éviter ce mariage ?

4. Trouvez les différents aspects du discours d'Henriette dans le déroulement de la scène : politesse et flatterie ; recours à la franchise ; menace ; ironie.

5. Par quels traits la déclaration de Trissotin relève-t-elle du langage amoureux « codifié » du XVIIe siècle ? (v. 1472-1475, 1515-1519). Comparez-en les termes avec ceux du tableau de la p. 50.

6. Quels autres traits relève-t-on cependant ? Appuyez-vous sur les vers 1489-1490, 1526, 1535-1536, 1543-1548, 1561-1562 et opposez-en les termes à ceux du tableau de la p. 50.

7. Quel est notre sentiment à la fin de cette scène ?

SCÈNE 2. CHRYSALE, CLITANDRE, MARTINE, HENRIETTE.

CHRYSALE

Ah ! ma fille, je suis bien aise de vous voir.
Allons, venez-vous-en faire votre devoir
1565 Et soumettre vos vœux aux volontés d'un père.
Je veux, je veux apprendre à vivre à votre mère ;
Et, pour la mieux braver, voilà, malgré ses dents[1],
Martine que j'amène et rétablis céans.

HENRIETTE

Vos résolutions sont dignes de louange.
1570 Gardez que[2] cette humeur, mon père, ne vous change[3].
Soyez ferme à vouloir ce que vous souhaitez,
Et ne vous laissez point séduire à vos bontés[4].
Ne vous relâchez[5] pas, et faites bien en sorte
D'empêcher que sur vous ma mère ne l'emporte.

CHRYSALE

1575 Comment ! Me prenez-vous ici pour un benêt ?

HENRIETTE

M'en préserve le ciel !

CHRYSALE

                    Suis-je un fat, s'il vous plaît ?

---

1. *Malgré ses dents* : expression imagée pour « contre sa volonté ».
2. *Gardez que* : évitez que.
3. *Ne vous change* : ne vous passe.
4. *Ne vous laissez point...* : ne vous laissez pas égarer par vos bontés.
5. *Ne vous relâchez pas* : tenez bon !

HENRIETTE

Je ne dis pas cela.

CHRYSALE

Me croit-on incapable
Des fermes sentiments d'un homme raisonnable ?

HENRIETTE

Non, mon père.

CHRYSALE

Est-ce donc qu'à l'âge où je me vois
1580 Je n'aurais pas l'esprit d'être maître chez moi ?

HENRIETTE

Si fait[1].

CHRYSALE

Et que j'aurais cette faiblesse d'âme
De me laisser mener par le nez à ma femme[2] ?

HENRIETTE

Eh ! non, mon père.

CHRYSALE

Ouais[3] ! Qu'est-ce donc que ceci ?
Je vous trouve plaisante[4] à me parler ainsi.

HENRIETTE

1585 Si je vous ai choqué, ce n'est pas mon envie.

CHRYSALE

Ma volonté céans doit être en tout suivie.

HENRIETTE

Fort bien, mon père.

---

1. *Si fait :* si, au contraire.
2. *À ma femme :* par ma femme.
3. *Ouais :* oui, si on veut... (sans valeur familière).
4. *Plaisant :* ridicule.

CHRYSALE

Aucun, hors moi, dans la maison
N'a droit de commander.

HENRIETTE

Oui, vous avez raison.

CHRYSALE

C'est moi qui tiens le rang de chef de la famille.

HENRIETTE

1590 D'accord.

CHRYSALE

C'est moi qui dois disposer de ma fille.

HENRIETTE

Eh ! oui.

CHRYSALE

Le ciel me donne un plein pouvoir sur vous.

HENRIETTE

Qui vous dit le contraire ?

CHRYSALE

Et, pour prendre un époux,
Je vous ferai bien voir que c'est à votre père
Qu'il vous faut obéir, non pas à votre mère.

HENRIETTE

1595 Hélas[1] ! vous flattez là le plus doux de mes vœux ;
Veuillez être obéi, c'est tout ce que je veux.

CHRYSALE

Nous verrons si ma femme, à mes désirs rebelle...

CLITANDRE

La voici qui conduit le notaire avec elle.

1. *Hélas :* interjection polie exprimant le doute...

CHRYSALE

Secondez-moi bien tous.

MARTINE

                    Laissez-moi, j'aurai soin
1600 De vous encourager, s'il en est de besoin.

SCÈNE 3. PHILAMINTE, BÉLISE, ARMANDE,
    TRISSOTIN, LE NOTAIRE, CHRYSALE,
    CLITANDRE, HENRIETTE, MARTINE.

PHILAMINTE, *au notaire*.

Vous ne sauriez changer votre style sauvage[1]
Et nous faire un contrat qui soit en beau langage ?

LE NOTAIRE

Notre style est très bon, et je serais un sot,
Madame, de vouloir y changer un seul mot.

BÉLISE

1605 Ah ! quelle barbarie[2] au milieu de la France !
Mais au moins, en faveur, monsieur, de la science,
Veuillez, au lieu d'écus, de livres et de francs,
Nous exprimer la dot en mines et talents[3]
Et dater par les mots d'ides et de calendes[4].

LE NOTAIRE

1610 Moi ? Si j'allais, madame, accorder vos demandes,
Je me ferais siffler de tous mes compagnons[5].

---

1. *Sauvage :* non civilisé, peu élégant.
2. *Barbarie :* manque d'éducation, de culture (sens étymologique).
3. *Mines, talents :* unités monétaires de la Grèce antique.
4. *Ides, calendes :* dates du calendrier romain (*ides :* 13 ou 15 du mois ; *calendes :* premier jour du mois).
5. *Compagnons :* confrères.

PHILAMINTE

De cette barbarie en vain nous nous plaignons.
Allons, monsieur ; prenez la table pour écrire.
(Apercevant Martine.)
Ah ! ah ! cette impudente[1] ose encor se produire[2] ?
1615 Pourquoi donc, s'il vous plaît, la ramener chez moi ?

CHRYSALE

Tantôt avec loisir on vous dira pourquoi.
Nous avons maintenant autre chose à conclure.

LE NOTAIRE

Procédons au contrat. Où donc est la future ?

PHILAMINTE

Celle que je marie est la cadette.

LE NOTAIRE

Bon.

CHRYSALE

1620 Oui. La voilà, monsieur ; Henriette est son nom.

LE NOTAIRE

Fort bien. Et le futur ?

PHILAMINTE, *montrant Trissotin.*

L'époux que je lui donne
Est monsieur.

CHRYSALE, *montrant Clitandre.*

Et celui, moi, qu'en propre personne
Je prétends qu'elle épouse est monsieur.

LE NOTAIRE

Deux époux ?
C'est trop pour la coutume[3].

---

1. *Impudente :* audacieuse, insolente.
2. *Se produire :* se montrer.
3. *Coutume :* loi.

PHILAMINTE

Où vous arrêtez-vous ?[1]

1625 Mettez, mettez, monsieur, Trissotin pour mon gendre.

CHRYSALE

Pour mon gendre mettez, mettez, monsieur, Clitandre.

LE NOTAIRE

Mettez-vous donc d'accord, et, d'un jugement mûr,
Voyez à convenir entre vous du futur.

PHILAMINTE

Suivez, suivez, monsieur, le choix où je m'arrête.

CHRYSALE

1630 Faites, faites, monsieur, les choses à ma tête.

LE NOTAIRE

Dites-moi donc à qui j'obéirai des deux.

PHILAMINTE, *à Chrysale.*

Quoi donc ! vous combattez les choses que je veux ?

CHRYSALE

Je ne saurais souffrir qu'on ne cherche[2] ma fille
Que pour l'amour du bien[3] qu'on voit dans ma famille.

PHILAMINTE

1635 Vraiment, à votre bien on songe bien ici,
Et c'est là, pour un sage, un fort digne souci !

CHRYSALE

Enfin pour son époux j'ai fait choix de Clitandre.

PHILAMINTE, *montrant Trissotin.*

Et moi, pour son époux voici qui je veux prendre :
Mon choix sera suivi, c'est un point résolu.

---

1. *Où... vous ? :* à quoi vous décidez-vous ?
2. *Cherche :* cherche à épouser.
3. *Bien :* la fortune.

CHRYSALE

1640 Ouais ! Vous le prenez là d'un ton bien absolu !

MARTINE

Ce n'est point à la femme à prescrire[1], et je sommes[2]
Pour céder le dessus en toute chose aux hommes.

CHRYSALE

C'est bien dit.

MARTINE

       Mon congé cent fois me fût-il hoc[3],
La poule ne doit point chanter devant[4] le coq.

CHRYSALE

1645 Sans doute.

MARTINE

      Et nous voyons que d'un homme on se gausse
Quand sa femme chez lui porte le haut-de-chausse[5].

CHRYSALE

Il est vrai.

MARTINE

    Si j'avais un mari, je le dis,
Je voudrais qu'il se fît le maître du logis.
Je ne l'aimerais point s'il faisait le Jocrisse[6] ;
1650 Et, si je contestais[7] contre lui par caprice,

---

1. *Prescrire :* donner des ordres.
2. *Je sommes :* je suis (imitation du parler populaire).
3. *Hoc :* assuré (mot issu des règles d'un jeu de cartes où les cartes
« hoc » étaient les cartes maîtresses).
4. *Devant :* avant.
5. *Haut-de-chausse :* culotte descendant jusqu'aux genoux.
6. *Jocrisse :* valet de théâtre, ridicule, et toujours battu.
7. *Contestais :* protestais.

Si je parlais trop haut, je trouverais fort bon
Qu'avec quelques soufflets[1] il rabaissât mon ton.

CHRYSALE

C'est parler comme il faut.

MARTINE

Monsieur est raisonnable
De vouloir pour sa fille un mari convenable.

CHRYSALE

1655 Oui.

MARTINE

Par quelle raison, jeune et bien fait qu'il est,
Lui refuser Clitandre ? Et pourquoi, s'il vous plaît,
Lui bailler[2] un savant qui sans cesse épilogue[3] ?
Il lui faut un mari, non pas un pédagogue ;
Et, ne voulant savoir le grais[4] ni le latin,
1660 Elle n'a pas besoin de monsieur Trissotin.

CHRYSALE

Fort bien.

PHILAMINTE

Il faut souffrir qu'elle jase[5] à son aise.

MARTINE

Les savants ne sont bons que pour prêcher en chaise[6] ;
Et pour mon mari, moi, mille fois je l'ai dit,
Je ne voudrais jamais prendre un homme d'esprit.

---

1. *Soufflet :* gifle.
2. *Bailler :* donner.
3. *Épilogue :* émet des critiques, trouve à redire à tout.
4. *Grais :* grec (selon l'ancienne prononciation).
5. *Jaser :* parler sans cesse.
6. *Chaise :* chaire (siège élevé pour un professeur).

1665 L'esprit n'est point du tout ce qu'il faut en ménage ;
Les livres cadrent[1] mal avec le mariage ;
Et je veux, si jamais on engage ma foi[2],
Un mari qui n'ait point d'autre livre que moi,
Qui ne sache A ne[3] B, n'en déplaise à madame,
1670 Et ne soit, en un mot, docteur que pour sa femme.

PHILAMINTE, *à Chrysale.*

Est-ce fait[4] ? et sans trouble ai-je assez écouté
Votre digne interprète ?

CHRYSALE

Elle a dit vérité.

PHILAMINTE

Et moi pour trancher court[5] toute cette dispute,
Il faut qu'absolument mon désir s'exécute.
1675 Henriette et monsieur seront joints de ce pas[6] ;
Je l'ai dit, je le veux : ne me répliquez pas ;
Et si votre parole à Clitandre est donnée,
Offrez-lui le parti d'épouser son aînée.

CHRYSALE

Voilà dans cette affaire un accommodement.
1680 Voyez : y donnez-vous votre consentement ?

HENRIETTE

Eh ! mon père !

---

1. *Cadrent :* vont (un critique de l'époque a trouvé ce mot trop savant
pour une servante...).
2. *Foi :* confiance.
3. *Ne :* ni (forme archaïque).
4. *Est-ce fait ? :* est-ce tout ?
5. *Trancher court :* mettre fin à.
1. *De ce pas :* à l'instant.

CLITANDRE

Eh ! monsieur !

BÉLISE

On pourrait bien lui faire
Des propositions qui pourraient mieux lui plaire ;
Mais nous établissons une espèce d'amour
Qui doit être épuré comme l'astre du jour ;
1685 La substance qui pense y peut être reçue,
Mais nous en bannissons la substance étendue[1].

---

1. *Substance qui pense, substance étendue :* termes de la philosophie
de Descartes pour dire « esprit » et « matière ».

Acte V scènes 2 et 3

CHRYSALE JOUE LES MAÎTRES

1. Quel est le personnage qui parle le plus (sc. 2) ? Pourquoi ? À qui s'adresse-t-il le plus souvent ? Dans quel dessein, selon vous ?

2. Montrez par quels traits de langage Chrysale essaye de s'imposer comme maître du logis. Qui essaye-t-il en fait de convaincre ? Justifiez votre réponse par des citations précises.

3. L'attitude de Chrysale peut-elle rendre Henriette optimiste ? Dans les vers 1569-1574, dressez la liste des éléments marquant la force et la faiblesse. Comparez leur nombre. Quel est l'effet produit par les vers 1595-1596 ?

4. Quels effets proprement comiques peut-on relever dans l'ensemble de la scène ?

« DEUX ÉPOUX, C'EST TROP POUR LA COUTUME... »

5. Comment l'arrivée du notaire (sc. 3) évoque-t-elle le titre de la pièce et son sujet ?

6. À quel moment l'affrontement se déclenche-t-il entre Chrysale et Philaminte ? Étudiez dans le détail des répliques l'évolution de cet affrontement.

7. Pourquoi Martine n'intervient-elle pas tout de suite ? Quelle est la nature de l'intervention de Martine ? (Faites un rapprochement avec les vers 1599-1600 de la scène précédente.) À quoi réduit-elle le personnage de Chrysale dans l'action ?

8. Quels sont les arguments de Martine contre Philaminte ? Faites la part des arguments abstraits et imagés. En quoi s'opposent-ils au féminisme de Philaminte ? En quoi sont-ils une charge contre le pédantisme ? Comparez-les aux arguments développés par Chrysale à la scène 7 de l'acte II. Martine est-elle la « digne interprète » de Chrysale ?

9. Comment Philaminte réagit-elle ? Que propose-t-elle ? Comment « l'accommodement » souhaité par Chrysale le fait-il définitivement juger ? Quel phénomène dramaturgique a-t-il créé ?

SCÈNE 4. ARISTE, CHRYSALE, PHILAMINTE, BÉLISE, HENRIETTE, ARMANDE, TRISSOTIN, LE NOTAIRE, CLITANDRE, MARTINE.

ARISTE

J'ai regret de troubler un mystère[1] joyeux
Par le chagrin qu'il faut que j'apporte en ces lieux.
Ces deux lettres me font porteur de deux nouvelles
1690 Dont j'ai senti pour vous les atteintes cruelles :
    (À Philaminte.)
L'une pour vous me vient de votre procureur[2] ;
    (À Chrysale.)
L'autre pour vous me vient de Lyon.

PHILAMINTE

                                    Quel malheur
Digne de nous troubler pourrait-on nous écrire ?

ARISTE

Cette lettre en contient un que vous pouvez lire.

PHILAMINTE *lit.*

« Madame, j'ai prié monsieur votre frère de vous rendre[3] cette lettre, qui vous dira ce que je n'ai osé vous aller dire. La grande négligence que vous avez pour vos affaires a été cause que le clerc[4] de votre rapporteur[5] ne m'a point averti, et vous avez perdu absolument votre procès, que vous deviez gagner. »

---

1. *Mystère :* cérémonie.
2. *Procureur :* avoué, avocat.
3. *Rendre :* remettre.
4. *Clerc :* secrétaire d'un notaire.
5. *Rapporteur :* magistrat qui, après étude d'une affaire, fait un rapport destiné au tribunal.

CHRYSALE, *à Philaminte.*

1695 Votre procès perdu !

PHILAMINTE

Vous vous troublez beaucoup !
Mon cœur n'est point du tout ébranlé de ce coup.
Faites, faites paraître une âme moins commune
À braver[1] comme moi les traits de la fortune[2].

« Le peu de soin que vous avez vous coûte quarante
mille écus, et c'est à payer cette somme, avec les
dépens[3], que vous êtes condamnée par arrêt de la cour. »

Condamnée ! Ah ! ce mot est choquant et n'est fait
1700 Que pour les criminels.

ARISTE

Il a tort, en effet,
Et vous vous êtes là justement récriée[4].
Il devrait avoir mis que vous êtes priée
Par arrêt de la cour de payer au plus tôt
Quarante mille écus et les dépens qu'il faut.

PHILAMINTE

Voyons l'autre.

CHRYSALE *lit.*

« Monsieur, l'amitié qui me lie à monsieur votre frère
me fait prendre intérêt à tout ce qui vous touche. Je
sais que vous avez mis votre bien entre les mains
d'Argante et de Damon, et je vous donne avis qu'en

---

1. *À braver :* en bravant.
2. *Traits de la fortune :* malheurs dus au hasard.
3. *Dépens :* frais de justice.
4. *Et vous êtes là justement récriée :* vous avez exprimé une juste
protestation.

même jour ils ont fait tous deux banqueroute[1]. »
Ô ciel ! tout à la fois[2] perdre ainsi tout mon bien !

PHILAMINTE

1705 Ah ! quel honteux transport. Fi[3] ! tout cela n'est rien.
Il n'est pour le vrai sage aucun revers funeste[4],
Et, perdant toute chose, à soi-même il se reste.
Achevons notre affaire, et quittez votre ennui[5] :
    (Montrant Trissotin.)
1710 Son bien peut nous suffire et pour nous et pour lui.

TRISSOTIN

Non, madame, cessez de presser cette affaire.
Je vois qu'à cet hymen tout le monde est contraire,
Et mon dessein n'est point de contraindre les gens.

PHILAMINTE

Cette réflexion vous vient en peu de temps !
1715 Elle suit de bien près, monsieur, notre disgrâce[6].

TRISSOTIN

De tant de résistance à la fin je me lasse,
J'aime mieux renoncer à tout cet embarras
Et ne veux point d'un cœur qui ne se donne pas.

PHILAMINTE

Je vois, je vois de vous, non pas pour votre gloire,
1720 Ce que jusques ici j'ai refusé de croire.

---

1. *Banqueroute :* faillite financière.
2. *Tout à la fois :* en une seule fois.
3. *Fi !* : interjection exprimant le mépris.
4. *Revers funeste :* retournement de situation malheureux.
5. *Ennui :* désespoir.
6. *Disgrâce :* malheur.

TRISSOTIN

Vous pouvez voir de moi tout ce que vous voudrez
Et je regarde peu comment vous le prendrez ;
Mais je ne suis point homme à souffrir l'infamie
Des refus offensants qu'il faut qu'ici j'essuie[1] :
1725 Je vaux bien que de moi l'on fasse plus de cas,
Et je baise les mains[2] à qui ne me veut pas.
    (Il sort.)

PHILAMINTE

Qu'il a bien découvert son âme mercenaire[3] !
Et que peu philosophe[4] est ce qu'il vient de faire !

CLITANDRE

Je ne me vante point de l'être ; mais enfin
1730 Je m'attache, madame, à tout votre destin[5] ;
Et j'ose vous offrir, avecque[6] ma personne,
Ce qu'on sait que de bien la fortune[7] me donne.

PHILAMINTE

Vous me charmez, monsieur, par ce trait généreux,
Et je veux couronner vos désirs amoureux.
1735 Oui, j'accorde Henriette à l'ardeur empressée...

HENRIETTE

Non, ma mère, je change à présent de pensée.
Souffrez que je résiste à votre volonté.

CLITANDRE

Quoi ! vous vous opposez à ma félicité ?
Et, lorsqu'à mon amour je vois chacun se rendre[8]...

---

1. *J'essuie :* je subis.
2. *Je baise les mains :* formule de salut, ici ironique.
3. *Mercenaire :* qui ne pense qu'à l'argent (comme le soldat prêt à servir qui le paie).
4. *Philosophe :* digne d'un philosophe, sage.
5. *À tout votre destin :* à votre sort quel qu'il soit.
6. *Avecque :* orthographe ancienne, permise en prosodie.
7. *Fortune :* sort, destin.
8. *Se rendre :* se rendre à quelque chose, l'accepter.

169

HENRIETTE (M. Moyette). *Souffrez que je résiste à votre volonté.*
Bélise (C. Samy), Armande (M. Deguy), Philaminte (N. Ferrand).
Mise en scène de Catherine Hiégel, 1987.

HENRIETTE

1740 Je sais le peu de bien que vous avez, Clitandre,
Et je vous ai toujours souhaité pour époux,
Lorsqu'en satisfaisant à mes vœux les plus doux
J'ai vu que mon hymen ajustait[1] vos affaires ;
Mais lorsque nous avons les destins si contraires,
1745 Je vous chéris assez, dans cette extrémité[2],
Pour ne vous charger point de notre adversité.

CLITANDRE

Tout destin avec vous me peut être agréable ;
Tout destin me serait sans vous insupportable.

---

1. *Ajustait :* arrangeait.
2. *Extrémité :* malheur extrême.

HENRIETTE

L'amour dans son transport parle toujours ainsi.
1750 Des retours[1] importuns évitons le souci.
Rien n'use tant l'ardeur de ce nœud qui nous lie
Que les fâcheux besoins des choses de la vie,
Et l'on en vient souvent à s'accuser tous deux
De tous les noirs chagrins qui suivent de tels feux.

ARISTE, à Henriette.

1755 N'est-ce que le motif que nous venons d'entendre
Qui vous fait résister à l'hymen de Clitandre[2] ?

HENRIETTE

Sans cela, vous verriez tout mon cœur y courir ;
Et je ne fuis sa main que pour le trop chérir[3].

ARISTE

Laissez-vous donc lier par des chaînes si belles.
1760 Je ne vous ai porté que de fausses nouvelles,
Et c'est un stratagème, un surprenant[4] secours,
Que j'ai voulu tenter pour servir vos amours,
Pour détromper ma sœur et lui faire connaître
Ce que son philosophe à l'essai[5] pouvait être.

CHRYSALE

1765 Le ciel en soit loué !

PHILAMINTE

J'en ai la joie au cœur
Par le chagrin qu'aura ce lâche déserteur.

---

1. *Retours :* regrets, repentirs.
2. *Hymen de Clitandre :* mariage avec Clitandre.
3. *Pour le trop chérir :* parce que je le chéris trop.
4. *Surprenant :* inattendu.
5. *À l'essai :* à l'épreuve.

Voilà le châtiment de sa basse avarice[1],
De voir qu'avec éclat cet hymen s'accomplisse.

CHRYSALE, *à Clitandre.*

Je le savais bien, moi, que vous l'épouseriez.

ARMANDE, *à Philaminte.*

1770 Ainsi donc à leurs vœux vous me sacrifiez !

PHILAMINTE

Ce ne sera point vous que je leur sacrifie,
Et vous avez l'appui de la philosophie
Pour voir d'un œil content couronner leur ardeur.

BÉLISE

Qu'il prenne garde au moins que je suis dans son cœur.
1775 Par un prompt désespoir souvent on se marie,
Qu'[2]on s'en repent après tout le temps de sa vie.

CHRYSALE, *au notaire.*

Allons, monsieur, suivez l'ordre que j'ai prescrit,
Et faites le contrat ainsi que je l'ai dit.

J. B. P. Molière

---

1. *Avarice :* cupidité, désir immodéré d'argent.
2. *Qu' :* de sorte que, si bien que.

Acte V scène 4

UN DÉNOUEMENT INATTENDU !

1. Coup de théâtre : Ariste apporte des nouvelles, et le contenu des lettres qu'il remet à Chrysale et à Philaminte entraîne des réactions en chaîne. Lesquelles ? Montrez que Chrysale réagit en fonction de sa classe sociale, alors que Philaminte suit plutôt la logique de son personnage.

2. Montrez l'aspect comique de l'entente d'Ariste et de Philaminte à propos de leur commentaire sur le terme *condamner*.

3. Quelle est la réaction de Trissotin face à l'événement ? Opposez ses affirmations à celles de la scène 1 de l'acte, sur la constance amoureuse et sur la force d'âme du philosophe.

4. Montrez que la noblesse du caractère de Philaminte ne réprime pas entièrement ses émotions. Pourquoi cela rend-il le personnage plus sympathique ?

5. Quel nouveau rebondissement le personnage d'Henriette crée-t-il (v. 1736 à 1754) ?

6. Comment Henriette, au contraire de sa mère, manifeste-t-elle bien son appartenance à une classe sociale ? Est-elle un personnage au caractère romanesque ? Les spectateurs du temps de Molière trouvèrent le personnage d'Henriette trop mûr et pas assez « jeune première » : qu'en pensez-vous ?

DIEU BÉNISSE ONCLE ARISTE !

7. Ariste, véritable *deus ex machina* de ce dénouement, intervient une seconde et ultime fois. Montrez que la scène se découpe en deux grands blocs consécutifs à son intervention providentielle.

8. Au terme des deux interventions, quels personnages ont changé, et quels autres sont demeurés semblables à eux-mêmes ?

9. Rapprochez les affirmations de Philaminte à l'adresse d'Armande des propos de cette dernière à la scène 1 de l'acte IV (v. 1141-1147). Dans quelle mesure est-elle comparable à Trissotin ? Pourquoi la remarque de Bélise tempère-t-elle le côté dramatique de la situation ?

10. Qu'a de comique le fait que Chrysale ait le dernier mot ? Quels sentiments peut-on lui prêter ?

Questions sur l'ensemble de l'acte V

1. Le résultat de l'affrontement décisif : qui semble l'emporter jusqu'à la sc. 3 ? À quel personnage officiel le camp apparemment gagnant a-t-il recours ? (Cherchez la signification du mot « crise » et appliquez-le à la situation de la sc. 3.)

2. Étudiez les divers effets produits par les rebondissements successifs.

3. Quelles sont les interventions favorables au mariage Henriette-Clitandre jusqu'à la scène 3 ?

4. Quels aspects du caractère de Trissotin apparaissent à la scène 1 ? Annoncent-ils le revirement du personnage à la sc. 4 ?

5. Martine apporte-t-elle des éléments nouveaux quand elle soutient Chrysale ? Justifiez votre réponse.

6. À quel mariage Chrysale consentirait-il ? En quoi ce mariage peut-il expliquer les agissements d'Armande depuis le début de la pièce ? Que révèle-t-il du personnage ?

7. Le *deus ex machina* assure-t-il la résolution de la crise ? Pourquoi ?

8. La conclusion de la pièce est-elle satisfaisante ? : a) Montrez en quoi les problèmes du pédantisme et du mariage d'Henriette étaient liés. b) Le mariage d'Henriette assuré, le pédantisme est-il définitivement exclu ? Le personnage de Trissotin le représente-t-il à lui tout seul ?

9. Une structure conflictuelle. En remplissant un tableau de ce type, retrouvez les différents affrontements mis en œuvre par Molière dans *les Femmes savantes* :

la fiancée-enjeu : H...				
Camp (+)		Camp (−)		
C...		T...	≠ V...	les prétendants
C...		P...		les parents
M...	A...	A...	B...	les assistants

10. Molière souhaitait conférer à ses pièces le rôle de purification des mœurs et de leçon de morale : quelle est la morale de la pièce, selon vous ? Comment voyez-vous opérer cette morale sur Philaminte, Armande et Bélise après le baisser de rideau ?

Documentation thématique

Accéder au savoir :
le rêve des précieuses

Sois belle et tais-toi !

Si Molière aborde le problème de l'éducation féminine dans *les Précieuses ridicules*, puis *l'École des femmes* et *les Femmes savantes*, c'est qu'il se posait, et depuis longtemps déjà, cette question.

Dès le Moyen Âge apparaît la « querelle des femmes », un débat d'idées concernant la place de la femme dans la société, et son éducation. Certes, des femmes ont écrit durant le Moyen Âge et la Renaissance : Marie de France (fin du XIIe siècle), Christine de Pisan (fin du XIVe siècle), Marguerite de Navarre (1492-1549), Louise Labé (1526-vers 1566), par exemple. Mais elles sont pratiquement oubliées au XVIIe siècle, comme est oublié l'idéal de l'amour courtois, inventé pour compenser la brutalité des chevaliers du Moyen Âge. Le « machisme », le poids des préjugés d'ordre religieux et moral avaient privilégié le côté Ève de la femme, soupçonnée d'être une créature du Diable, responsable des maux humains...

Au point qu'en 1617, un licencié en droit canon (les lois de l'Église), Jacques Olivier, publie *l'Alphabet de l'imperfection et malice de la femme*, ou dictionnaire de ses défauts ! Claude Fleury (1640-1723), avocat ensuite entré dans les ordres, écrit dans son *Traité du choix et de la méthode des études* :

« Il est bien clair que les personnes qui ont moins de

loisirs ou de capacité pour l'étude, comme les pauvres, les artisans, les gens de guerre et toutes les femmes doivent être réduites aux connaissances les plus généralement utiles. »

Il est interdit à la plupart des jeunes filles (chez elles ou dans les couvents) de lire autre chose que des ouvrages pieux, et elles sont livrées à des maris parfois âgés avec, pour tout savoir, des chants religieux, des prières... et de bonnes manières.

La seconde épouse de Gaston d'Orléans (1608-1660), qui voyait ses filles un quart d'heure le matin et un quart d'heure le soir, n'a pour elles que deux préceptes : « Tenez-vous droites ! Levez la tête ! »

Être belle mais ne pas se taire...

La « querelle des femmes » redevient un thème par l'exemple de femmes exceptionnelles. La brillante reine Christine de Suède (1626-1698) qui s'entoure de savants, dont le philosophe et mathématicien français Descartes, la Hollandaise Anne-Marie Schurmann, peintre, sculpteur, philosophe, parlant grec, hébreu, arabe et plusieurs langues européennes, autant que la romancière française Madeleine de Scudéry (1601-1677) suscitent un début de réflexion chez quelques hommes plus ouverts, et même chez certains religieux.

Le père Dubosq publie en 1630 *l'Honnête Femme*, traité fort serein où il est question pour la femme de « mettre la vertu dans la volonté ; après, la science dans l'esprit ».

L'idée que la femme n'est pas sotte par nature et doit pouvoir cultiver son esprit fait pourtant difficilement son chemin. Au tome X du *Grand Cyrus,* Mlle de Scudéry s'indigne :

« Vu la manière dont il y a des dames qui passent leur vie, on dirait qu'on leur a défendu d'avoir de la raison et du bon sens et qu'elles ne sont au monde que pour dormir, pour être grosses [c'est-à-dire : enceintes], pour être belles, et pour ne dire que des sottises. »

Le moment ou jamais... de prendre la parole

Les femmes de la haute société commencent à protester contre les servitudes conjugales et revendiquent une indépendance à un moment historique précis : lorsque la mise en place de l'absolutisme monarchique (dès le règne de Henri IV) et le pouvoir économico-politique de la bourgeoisie montante font de l'aristocrate un oisif, oublieux de ses activités guerrières... Dès lors fleurit une littérature (*l'Astrée,* d'Honoré d'Urfé, publié à partir de 1607, ou *l'Exil de Polexandre,* de Gomberville, 1619) dans laquelle l'héroïsme masculin devient purement sentimental, et où les hommes sont au service, non plus du roi et de la défense du territoire mais ... des femmes.

La « *préciosité* » *ou la promotion de la féminité*

Les femmes de la noblesse invitent les hommes à fréquenter leurs salons. C'est le cas, par exemple, de Catherine de Vivonne, marquise de Rambouillet (1588-1655), et de ses filles, Julie d'Angennes et Angélique. On débat de sujets scientifiques et les divertissements sont d'ordre littéraire (bouts-rimés, énigmes en vers, lettres, épigrammes, rondeaux, sonnets galants, etc.), et entièrement destinés à l'exaltation de la femme.

C'est la « préciosité » (le raffinement du langage et des manières) qui marque l'appartenance à l'élite du royaume, par opposition à la cour encore soldatesque et gasconne d'Henri IV. Se marier paraît vulgaire, comparé au fait d'être courtisée. (Julie d'Angennes fait soupirer Montausier quatorze ans avant de l'épouser.)

Le culte de l'amour

Vers 1652, Madeleine de Scudéry cherche à reproduire les grâces du salon de Mme de Rambouillet en son propre hôtel du Marais : si les nobles la visitent quelquefois (Mme de Sablé, les Montausier), elle reçoit surtout des bourgeoises (Mlles Robineau et Bosquet, Mme Aragonnais).

La préciosité galante naît alors : on invente la Carte du Tendre (voir p. 214)... Le poète Pellisson-Fontanier (1624-1693) demande à Madeleine combien de temps il faut pour aller de « particulier » à « tendre » (pour devenir tendre ami après avoir été une simple relation). On imagine un pays : des chemins vont à Tendre-sur-Inclination, Tendre-sur-Estime et Tendre-sur-Reconnaissance... L'homme doit donc parcourir symboliquement tout un labyrinthe de délicatesses psychologiques avant d'atteindre le cœur de l'aimée.

Les femmes lisent les auteurs de l'Antiquité, ainsi que les vieux romans de chevalerie pour ressembler aux nymphes ou aux châtelaines médiévales... Mais, nymphes ou châtelaines, elles refusent désormais la grossièreté et la toute-puissance masculines.

De la préciosité au goût des sciences :
les belles astronomes...

Vers le milieu du XVIIᵉ siècle se répand chez les lettrés le goût des sciences, notamment de l'astronomie. Les travaux de l'Académie des sciences, fondée en 1666 par Colbert, sont édités ; l'abbé d'Aubignac, spécialiste de l'art dramatique, suit les cours du physicien Rohault, tandis que le poète Chapelain fait installer un télescope dans sa bibliothèque. L'abbé Cotin lui-même va jusqu'à publier en 1665 une dissertation sur les comètes.

Les femmes de la bonne société se cultivent, seules ou avec l'aide d'un précepteur : Mme de La Fayette, aidée par Ménage, résout des difficultés embarrassant de grands latinistes, Mme de Sévigné lit des auteurs italiens ou espagnols dans leur langue. Bref, elles désirent être initiées à la littérature et aux sciences...

Messieurs leurs professeurs

Alors, les scientifiques eux-mêmes (le physicien Roberval enseigne Mme de la Sablière) ou des vulgarisateurs prennent ces intelligences avides de savoir en main.

Sous Louis XIII, Théophraste Renaudot avait créé, rue de la Calandre, dans son hôtel de la Cité à Paris, une université « aimable » et gratuite, où de jeunes maîtres modernistes privilégiaient l'enseignement des sciences dans leurs cours, donnés en français, à des auditoires mixtes. Or, la demande n'avait cessé d'augmenter... Un continuateur, le sieur de Richesource, fit jusqu'à la fin 1667 des « conférences académiques » (superficielles mais permettant de briller dans la conversation). Louis de Lesclache, plus sérieux, eut l'idée de présenter à la fin de ses cours des tableaux synoptiques (par exemple la très utile *Philosophie publiée en tables*) et fut cité plus tard par La Bruyère comme un excellent auteur lu par les gens du monde...

L'aptitude des femmes pour les sciences commence à être reconnue. Ainsi, le sieur de Garouville, dédiant un recueil de nouvelles à une grande dame astronome, fait-il preuve d'humilité : « Je sais que vous ferez une grande chute en tombant des astres où vous vous élevez si souvent, sur la lecture d'un livre de nouvelles [...] je ne puis vous tenir compagnie dans un lieu si haut que le ciel. »

Le professeur de Philaminte

Trissotin n'est pas chevalier servant au sens où on l'entendait à l'hôtel de Rambouillet ou dans le salon Scudéry : il « honore les lumières » (v. 865) des dames et leur sert de précepteur.

À l'acte IV, scène 3, Trissotin se pose en professeur d'astronomie (il évoque le passage d'une comète : « un monde près de nous a passé tout du long ») et nul doute que c'est lui qui a fait acheter « cette longue lunette à faire peur aux gens » dont se plaint Chrysale.

Dans la lignée des précieuses, Philaminte souhaite inculquer à ses filles l'amour platonique, c'est-à-dire un amour qui exclut les rapports physiques au profit des sentiments et de leur expression intellectuelle. Hommes et femmes ne semblent sur la terre que pour échanger leurs vues sur les arts, les sciences, dans une langue pure grammaticalement, le mariage n'intervenant que comme pis-aller pour sceller des affinités d'esprit et tenter de concrétiser une égalité des statuts.

Il n'est plus question de jouer les châtelaines, non plus que les nymphes, mais de s'entourer d'hommes capables de transmettre un savoir.

Avoir la parole et gouverner par elle : l'utopie de Philaminte

Trissotin participe à la constitution d'une République des lettres bâtie sur les décombres de l'empire intellectuel masculin. Philaminte affirme que l'œuvre de Platon est inachevée. Elle la continue en ouvrant « la porte des sublimes clartés » aux femmes par « huit chapitres » de sa façon.

Elle pense que l'égalité face au savoir passe par une épuration de la langue (disparition des syllabes et mots « sales », c'est-à-dire réalistes, ou évoquant le réel par leur sonorité et, de ce fait, susceptibles de blesser le raffinement féminin). Cette épuration ne peut être menée et préservée que par une Académie suprême (par elle dirigée !) qui interdise toute publication attentatoire à la féminité, si ce n'est à la supériorité de la femme : « Par nos lois, prose et vers, tout nous sera soumis. » (v. 923) dit Armande.

Philaminte n'est précieuse que par son préjugé linguistique car son attitude n'obéit pas à l'idéal d'honnêteté. Quant à son pédantisme, qui vient sur un fond de féminisme avant la lettre, il est en fait l'arme d'un féminisme utopiste.

Les héritières de Philaminte

Une femme qui écrit

On pourrait qualifier Maupassant (1850-1893) d'anti-féministe. La femme est le plus souvent, dans ses contes et nouvelles, l'objet du désir de l'homme, son jouet, à quelque sphère sociale qu'elle appartienne. On ne compte plus les servantes « engrossées » par le maître, les mariages traités par les pères comme une association de fortunes à gérer au mieux... Dans son roman, *Bel-Ami*, le héros, Georges Duroy, qui parvient au faîte de la société grâce à son pouvoir de séduction, rencontre une maîtresse femme, Madeleine Forestier. Celle-ci écrit les articles de son incapable et journaliste d'époux.

La belle Madeleine dicte son article à Georges Duroy :

Elle était assise sur un fauteuil de bureau, dans une petite pièce dont les murs se trouvaient entièrement cachés par des livres bien rangés sur des planches de bois noir. Les reliures, de tons différents, rouges, jaunes, vertes, violettes et bleues, mettaient de la couleur et de la gaieté dans cet alignement monotone de volumes.
Elle se retourna, souriant toujours, enveloppée d'un peignoir blanc garni de dentelle ; et elle tendit sa main, montrant son bras nu dans la manche largement ouverte. [...] Elle montrait un siège. [...]
Elle se leva : — Ça va être charmant de collaborer comme ça. Je suis ravie de votre idée. Tenez, asseyez-vous à ma place, car on connaît mon écriture au journal. Et nous allons vous tourner un article, mais là, un article à succès.

Il s'assit, prit une plume, étala devant lui une feuille de papier, et attendit.

Mme Forestier, restée debout, le regardait faire ses préparatifs ; puis elle atteignit une cigarette sur la cheminée et l'alluma :

— Je ne puis pas travailler sans fumer, dit-elle, voyons, qu'allez-vous raconter ?

Il leva la tête vers elle avec étonnement.

— Mais je ne sais pas, moi, puisque je suis venu vous trouver pour ça.

Elle reprit : — Oui, je vous arrangerai la chose. Je ferai la sauce, mais il me faut le plat.

Il demeurait embarrassé ; enfin il prononça, avec hésitation : — Je voudrais raconter mon voyage depuis le commencement...

Alors elle s'assit, en face de lui, de l'autre côté de la grande table, et, le regardant dans les yeux :

— Eh bien, racontez-le moi d'abord, pour moi toute seule, vous entendez, bien doucement, sans rien oublier, et je choisirai ce qu'il faut prendre.

Mais comme il ne savait pas par où commencer, elle se mit à l'interroger comme aurait fait un prêtre au confessionnal, posant des questions précises qui lui rappelaient des détails oubliés, des personnages rencontrés, des figures seulement aperçues.

Quand elle l'eut contraint à parler ainsi pendant un petit quart d'heure, elle l'interrompit tout à coup :

— Maintenant nous allons commencer. D'abord, nous supposons que vous adressez à un ami vos impressions, ce qui vous permet de dire un tas de bêtises, de faire des remarques de toute espèce, d'être naturel et drôle, si nous pouvons. Commencez :

« Mon cher Henry, tu veux savoir ce que c'est que l'Algérie, tu le sauras. Je vais t'envoyer, n'ayant rien à faire dans la petite case de boue sèche qui me sert

d'habitation, une sorte de journal de ma vie, jour par
jour, heure par heure. Ce sera un peu vif, quelquefois,
tant pis, tu n'es pas obligé de le montrer aux dames
de ta connaissance...

Guy de Maupassant,
Bel-Ami, 1886.

Une femme qui aime apprendre

Nous voici au début du XXe siècle. Émilie Carles, ex-
institutrice, raconte, dans *Une soupe aux herbes sauvages*,
son amour de la lecture et comment ce goût lui a
permis de s'élever socialement, au contraire de sa sœur
Catherine, qui peinait sous les tâches de la ferme. Voici
donc une Armande au naturel, qui, si elle ne mourait
pas de faim (il y avait de la soupe à table), n'en
éprouvait pas moins des difficultés à sortir du rang ou
à égaler les garçons (la soupe était donc amère, elle
était aux herbes sauvages).

2 août 1914 ! Je venais d'avoir quatorze ans. Entre-
temps j'avais grandi et, je peux le dire, j'avais grandi
à l'école... Oui, je crois que je peux dire ça. C'est ce
qui a fait la différence entre mes frères, mes sœurs et
moi. J'aimais l'école, j'aimais l'étude, j'aimais lire,
écrire, apprendre. Dès que je suis allée à l'école, je me
suis sentie chez moi et c'est là que je me suis épanouie.
J'ai commencé à cinq ans. C'était l'âge normal. En ce
temps-là il n'y avait ni maternelle, ni rien, on entrait à
cinq ans ! et on en ressortait à quatorze ou quinze ans.
Les plus malins arrivaient à décrocher leur certificat,
les autres devaient se contenter du fameux « sait lire et
écrire » que l'on met sur les papiers officiels. C'est
comme ça que ça se passait. Ça m'a plu tout de suite,

185

comment dire ?... C'était comme si jusque-là j'avais été une éponge privée d'eau. Est-ce que j'étais une enfant particulièrement douée ? Je n'en sais rien. Ce qui est sûr c'est que j'avais des dispositions, dès que j'ai su lire je me suis mise à dévorer les bouquins. Tout y passait... Il faut dire que dans un village comme le nôtre le choix était limité, mais j'avais toujours un livre dans les mains. Je lisais partout où je me trouvais, en me levant, dans la cuisine et pendant les récréations. J'avais un instituteur, ça le rendait malade de me voir lire pendant que les autres enfants jouaient, ça le mettait dans tous ses états. Il s'approchait de moi, il venait par-derrière et il m'arrachait le livre des mains, disant : « Allez, va jouer avec les autres, t'as bien le temps de lire plus tard. » Moi, je pleurais, je trépignais, je réclamais mon livre, il fallait que ce soit sa femme qui intervienne, elle était plus compréhensive, elle lui disait « mais rends-lui donc son livre, elle ne fait de mal à personne », et moi je lui disais « vous savez bien que je ne peux pas lire chez moi, il y a trop de choses à faire, il n'y a qu'ici que je suis tranquille ». Finalement il me le rendait et je me replongeais dans la lecture. Je lisais tout ce qui me tombait sous la main. Oh, ce n'était pas bien méchant ! *Jacquou le croquant, la Mare au diable* et d'autres livres du même genre. Il y avait un autre endroit où j'aimais bien lire, c'était l'étable. J'allais tenir compagnie à ma sœur Catherine pendant qu'elle s'occupait des vaches et je lui faisais la lecture... Les nuits où elle veillait en attendant que la vache mette bas, je restais avec elle. Pendant qu'elle tricotait, assise sur son tabouret, je lui lisais des chapitres entiers, des histoires ou des contes. Elle aimait ça et moi j'étais aux anges.

Émilie Carles, *Une soupe aux herbes sauvages*,
Éd. Robert Laffont, 1979.

Les femmes qui luttent

Pour l'année de la Femme (1975), la chanteuse Anne Sylvestre a composé une chanson dont le titre est un jeu de mots, la « vache engagée » : c'est la femme qui, pendant des siècles, a mangé (et mange encore) de la « vache enragée ». Grâce à un congrès présidé par le laitier et le boucher, les vaches engagées vont pouvoir évoquer leurs problèmes. La liste est si longue qu'on peut s'interroger sur le bien-fondé d'une année symbolique alors que tant de femmes sont encore battues, bafouées, etc., même si Marguerite Yourcenar est entrée à l'Académie française et si quelques femmes sont chefs d'États.

La vache engagée

Dis-moi Germaine, sais-tu ça ?
Y'a plus de raison qu'on le cache,
L'an prochain, paraît-il qu'on va
Penser aux problèmes des vaches
Les miennes se sont réunies
Dans un sursaut d'indépendance
Et m'ont fait part de leurs soucis
Pour exposer leurs doléances

Refrain

Les vaches ont une âme aussi
C'est le laitier qui me l'a dit

À l'heure de donner leur lait
Elles endurent un supplice
La machine à traire leur fait
Aux mammelles des cicatrices

Outre que c'est humiliant
Par son côté trop mécanique
C'est aussi très traumatisant
Du point de vue de l'esthétique

Refrain...

Souhaitant que les autorités
Dans un esprit très boviniste
Leur concède sans plus tarder
Ce qui rendra leur vie moins triste
Elles disent que s'il le fallait
Elles quitteraient leurs pâturages
Et feraient la grève du lait
Et le boycott du vélage

Refrain...

Une autre revendication
M'a semblé de juste nature
Elle porte sur la façon
De traiter leur progéniture
Elles ont en effet compris
Par intuition toute bovine
Qu'on leur fait faire des petits
Pour une sinistre cuisine

Refrain...

Le problème le plus brûlant
A trait à leur vie sexuelle
Jamais de taureau dans leur champ
C'est pas la peine d'être belle
En effet leur fécondation
Se fait par un intermédiaire

Qui n'inspire pas leur passion
J'ai nommé le vétérinaire

       Refrain...

Elles m'ont bien persuadée
Que leurs plaintes sont naturelles
Mais j'apprends qu'on leur a donné
Toute une année, rien que pour elles
On va réunir un congrès
Sur la condition des vaches
Le président sera le boucher
C'est intéressant qu'on le sache
Les vaches n'ont plus de souci
Au laitier, au boucher, merci !

                Anne Sylvestre,
     Production Anne Sylvestre, disque n° 558056.

Une libération en dépit du bon sens

Quelle peut être l'image des nouvelles héritières de Philaminte ? Dans ces douze cases de « *la Femme du pionnier* » (p. suivante) deux femmes libérées semblent mal supporter leur libération... Claire Bretécher (née en 1940) se moque des féministes excessives qui confondent lutte pour l'égalité des sexes et guerre tout court...

   Celle qui s'exprime est une Philaminte du XXe siècle : c'est elle, le chef de famille, c'est elle qui travaille. Son époux, lui, est un homme au foyer.

Claire Bretécher, *les Frustrés IV,* copyright Bretécher, 1979.

Annexes

Les sources
des *Femmes savantes*

Dès 1659, Molière avait pris pour cibles deux provinciales victimes de leur snobisme, avec *les Précieuses ridicules,* son premier grand succès. Il a pu, pour certains personnages et certaines scènes des *Femmes savantes,* s'inspirer notamment de Desmarets de Saint-Sorlin *(les Visionnaires),* de Saint-Évremond *(la Comédie des Académistes)* ou de Chappuzeau *(l'Académie des femmes).*

● Alcidon a trois filles : l'une, Sestiane, a la passion du théâtre et transpose tout événement en scène littéraire (préfiguration d'Armande) ; une autre, Hespérie, se croit aimée de tous *(cf.* Bélise, II, 3). À l'acte I, scène 6, Hespérie explique à Filidan qu'elle est d'une beauté à couper le souffle, et qu'elle ravit les amants de ses pauvres sœurs !

En sortant du logis, je ne puis faire un pas
Que mes yeux aussitôt ne causent un trépas [...]
On compterait plutôt les feuilles des forêts [...]
Que le nombre d'amants que j'ai mis au tombeau [...]
Mon père [...] craint tous ces amours.
Dans la maison sans cesse sur moi on a les yeux,
Lui plein d'étonnement, mes sœurs pleines d'envie,
Les autres pleins d'amour ; belle, mais triste vie !

les Visionnaires, 1637.

● Godeau, évêque de Grasse, a écrit une pièce de poésie intitulée « le Bénédicité », et son ami Colletet l'en flatte, jusqu'au moment où il fait porter la conversation sur un sien ouvrage dont il aimerait que les beautés fussent vantées *(cf.* la scène Trissotin/Vadius, III, 3).

192

GODEAU

Avez-vous vu mes vers ?

COLLETET

Vos vers ! je les adore :
Je les ai lus cent fois et je les lis encore. [...]
Qui n'en sera content aura ma foi grand tort.
Mais sans parler de moi trop à mon avantage,
Suis-je pas, Monseigneur, assez grand personnage ? [...]
Il est certain que j'ai le style magnifique.

GODEAU

Voulez-vous me contraindre à louer votre ouvrage ?

COLLETET

J'ai tant loué le vôtre !

GODEAU

Il le méritait bien.

COLLETET

Je le trouve fort plat pour ne vous celer rien. [...]
Si j'en ai dit du bien, c'était pour vous complaire. [...]
Nous sommes tous égaux, étant fils d'Apollon.

GODEAU

Vous, enfant d'Apollon, vous n'êtes qu'une bête.

les Académistes, 1650.

● Émilie renvoie valets et servantes, puis son mari la quitte.
Cette intellectuelle mène une vie impossible à tout son monde.
Un érudit qui la croit veuve, Hortense, veut l'épouser. Pourtant,
tout érudit qu'il soit, l'intellectualité de sa future lui pèse
(*cf.* Chrysale : II, 7).

Une bonne quenouille en la main d'une femme
Lui sied bien et la met à couvert de tout blâme [...]
Lorsque ce sexe croit en savoir plus que nous
De notre autorité d'abord, il est jaloux.

l'Académie des Femmes, 1661.

La querelle Molière-Cotin

En 1662, après la représentation de *l'École des femmes*, l'abbé Cotin aurait attaqué la pièce, la qualifiant d'immorale et d'irréligieuse. L'immoralité résiderait dans le fait que Molière incite à « cocufier » les barbons, et donc à désorganiser la société, fondée il est vrai, à cette époque, sur les mariages d'intérêt plus que d'inclination...

Quatre ans plus tard, Cotin, dans *la Critique désintéressée sur les satires du temps,* attaque les gens de théâtre (il vise tout particulièrement Molière) et réclame la sévérité de l'Église et du roi pour ces « gens déclarés infâmes ». Il s'en prend aussi à Boileau, ami de Molière, en 1668. Or, c'est justement cette année-là que Molière annonce qu'il met en chantier une grande pièce.

La réponse de Molière : *les Femmes savantes*

La riposte de Molière à Cotin (et à tous ceux qui nuisent à la liberté d'écrire) vient en 1672, avec *les Femmes savantes*. Elle est sévère pour l'abbé. Deux des poèmes de ses *Œuvres galantes* sont récités sur scène avec les outrances que l'on suppose, et leur réception par le trio des « savantes » n'est qu'un ridicule concert de superlatifs accentuant la pauvreté des vers.

Subtilité de la réponse : Trissotin-Cotin
contre Vadius-Ménage
Flattant le trio féminin tout autant qu'il en est flatté, Trissotin se voit disputer le terrain par un autre docte, le sieur Vadius. Pourquoi Molière porte-t-il à la scène une querelle de doctes ? N'est-ce pas rendre plus faible sa charge de l'abbé trois fois

sot, que lui donner un concurrent et laisser supposer qu'il n'est pas le seul à entrer dans la manie de Philaminte ? Outre le comique de l'algarade des « sages » (rappelant les invectives des maîtres du *Bourgeois gentilhomme*), la querelle Trissotin-Vadius évoque pour les lettrés parisiens celle bien connue de Cotin et Ménage (auteur érudit, très sourcilleux sur ses mérites en matière de lettres classiques et de grammaire).

Dans son *Histoire de l'Académie*, d'Olivet raconte que Cotin avait lu son *Sonnet à la princesse Uranie* à Mademoiselle, qui, voyant alors entrer Ménage, le lui fit lire, sans nommer l'auteur. Ménage jugea les vers détestables : « Là-dessus, nos deux poètes se dirent à peu près l'un à l'autre les douceurs que Molière a si agréablement rimées. » Ménage ne s'estimant pas touché, la honte de Cotin dut redoubler.

Boileau à la rescousse

La querelle des doctes mentionne Boileau et ses *Satires* (1660-1667), au vers 1026. Pourquoi Molière nomme-t-il son ami ? Boileau avait été blessé que Cotin s'en prît si bassement à Molière, aussi l'avait-il défendu (« Satire II ») avant de s'en prendre à l'abbé (« Satire III »).

L'idée de rappeler, sur scène, que Cotin, décidemment, invectivait tout le monde (Boileau, Ménage ainsi que lui-même) confère au reproche adressé par Clitandre à Trissotin (IV, 3) un poids de réalité. Cotin est bel et bien de ces...
« Gens qui de leur savoir paraissent toujours ivres ; [...]
Et pleins d'un ridicule et d'une impertinence
À décrier partout l'esprit et la science. »

Pourquoi attaquer les femmes ?

Molière n'a rien, a priori, contre le savoir féminin. Il règle son compte à Cotin... Mais il se trouve que ce dernier est adulé par des femmes de l'aristocratie, qui tiennent salon, et de ce fait le protègent : non pas qu'il reçoive d'elles des subsides (il est fort riche), mais bien plutôt une caution d'ordre moral et social.

Parce qu'il a été aumônier de Louis XIII et qu'il a connu un grand succès par ses sermons, Cotin se pique d'être une très grande figure littéraire et ne supporte pas que Molière soit applaudi par Louis XIV. Il jalouse son « crédit », ainsi que sa pension. Il est quand même le « Père de l'énigme française » et amuse les salons en rimant des petits riens, des énigmes, dont certaines ont été proposées au couple royal... La tête tourne à cet abbé, que son âge et son habit devraient inciter à plus de gravité.

Molière, protégé du roi, s'en prend donc au protégé de ces dames et flatte le souverain en satirisant, au travers du poète de boudoir, les grands salons aristocratiques qui frondent intellectuellement, si ce n'est politiquement, la monarchie absolue et son étiquette impérative.

L'ambiguïté de la riposte : statuts différents de la bourgeoise et de l'aristocrate

La critique des femmes intellectuelles de Paris n'est pour Molière qu'un moyen d'atteindre l'abbé, ou de servir habilement le roi. Que reprocher, en effet, aux grandes dames, libres de leur temps et soucieuses de cultiver leur esprit, si ce n'est leur manque de goût ? La duchesse de Guise honore Cotin de son amitié, et c'est la fièvre de la duchesse de Nemours qui a motivé la rédaction du *Sonnet à Uranie*...

De plus, le trio de savantes que nous présente la pièce n'est pas représentatif des femmes de l'aristocratie. Ce sont de grandes bourgeoises, certes, mais seulement des bourgeoises. Mademoiselle de Montpensier, mesdames de Guise et de Nemours ne se reconnaissent pas en elles... Une aristocrate, même pédante, est incomparablement plus tolérable, par le raffinement de ses manières et de son langage que l'une des « pecques » outrées. Une simplification abusive de la pièce conduirait à un contresens. Molière ne brocarde en rien les beaux esprits féminins de l'aristocratie.

Philaminte, la « Bourgeoise gentedame »...

Molière, bourgeois dans l'âme, par souci de l'harmonie domestique, fustige la bourgeoise qui ne remplit pas les devoirs de sa condition : superviser le train de sa maison (gestion et surveillance de la domesticité), assurer l'éducation et le bonheur des enfants (notamment : choisir un époux d'âge et de caractère correspondant à ceux de la fille à marier). L'éducation des filles vise à la pérennisation de la cellule familiale, à la reproduction dans la génération suivante du schéma sociocultu-rel préétabli : la mère doit donc prendre en charge ses filles.

Une femme, telle Philaminte, qui souhaiterait faire éclater ce cadre, par interversion de rôles (commander à la place du père) ou par imitation des membres d'une autre classe (tenir salon comme les aristocrates) serait une « asociale ». Philaminte, « bourgeoise gentedame » qui singe les pratiques intellectuelles de la noblesse (comme M. Jourdain), plonge sa famille dans le désordre.

... qui ne sait pas tenir sa maison

Philaminte est le personnage le plus négatif des *Femmes savantes*, dans la mesure où elle transgresse tous ses devoirs.

Le mariage : si elle ne « cocufie » pas Chrysale physiquement, du moins le fait-elle symboliquement ; elle humilie son époux, elle prétend trouver dans le commerce du poétaillon Trissotin des joies sans pareilles.

L'éducation : elle est mauvaise mère, puisqu'elle enseigne à ses filles (mais Henriette se soustrait à son influence) la haine du corps qui a pour conséquence le platonisme amoureux d'Armande et son refus du mariage. Elle contrevient donc à son rôle d'incitatrice à la reproduction de la cellule familiale.

La gestion du bien familial et sa préservation : à la scène 6 de l'acte II, elle semble peu se soucier du bien familial, regardant comme sans importance le bris d'un miroir ou d'une porcelaine, le vol éventuel d'une aiguière ou d'un plat d'argent, ou même la malhonnêteté d'un domestique. Elle met également en péril

197

la dot d'Henriette en ne considérant pas de plus près la moralité du sieur Trissotin.

Molière, un peu Chrysale ?

Le bourgeois Molière ne s'en prendrait-il pas, par le biais de la fiction, non seulement à toute bourgeoise faisant fi de ses devoirs, mais également à sa jeune et capricieuse épouse, Armande Béjart, qui par son statut d'actrice, était une femme assez libre de secouer le joug marital ? Ses contemporains ne se privaient pas de se moquer de sa situation. Ils le comparaient au barbon de l'*École des femmes* qui voulait garder prisonnière une jeune personne.

L'image féminine après Molière

Les Femmes savantes ridiculisent le savoir féminin quand il met en cause les structures d'une classe sociale (la bourgeoise ne doit pas imiter la noble) et s'il devient une monomanie (comme chez Philaminte). Libéral pour la noble, Molière apparaît donc conservateur pour la bourgeoise : la charmante Henriette a les idées un peu courtes ! L'on peut dire que Molière n'est pas féministe, mais qu'il exprime les idées de son temps en les caricaturant.

La question féminine au temps des Lumières : de la mort de Louis XIV à 1789

Le XVIIIe siècle héritant des structures politiques et sociales du XVIIe ne fait pas progresser le statut féminin, pour deux raisons principales. L'une est objective : dans une monarchie théocratique, le mâle a la primauté ; l'autre, subjective : le mythe de l'infériorité de la femme ne disparaît pas. Même si celle-ci, dans les hautes sphères sociales, anime un salon, est auteur, grande courtisane, favorite, elle ne fait que se plier aux usages d'un monde masculin...

En fait, le siècle des philosophes ne se signale pas par des idées avancées : les seuls accents féministes de la littérature du XVIIIe siècle s'expriment dans le théâtre.

La Nouvelle Colonie (1729) de Marivaux présente un groupe d'hommes et de femmes abordant sur une île et désireux d'y établir une communauté. Les femmes (une noble, Arthénice, et deux bourgeoises, Mme Sorbin et sa fille) décident de faire de l'égalité des sexes une réalité...

199

Madame Sorbin :
Nous disons que le monde est une ferme, les dieux là-
haut en sont les seigneurs, et vous autres hommes,
depuis que la vie dure en avez toujours été les fermiers
tout seuls, et cela n'est pas juste, rendez-nous notre
part de la ferme [...] Je vous annonce et vous signifie
en ce cas, que votre femme qui vous aime, que vous
devez aimer, qui est votre compagne, votre bonne amie
et non pas votre petite servante, à moins que vous ne
soyez son petit serviteur, je vous signifie que vous ne
l'avez plus, qu'elle vous quitte, qu'elle rompt ménage
et vous remet la clef du logis.

Dans le Mariage de Figaro (1784), de Beaumarchais, c'est le
personnage de Marceline qui récrimine contre sa condition de
femme (III,16), mais il est vrai que, dans l'intrigue, cette
revendication est tout à fait secondaire.

J'étais née, moi, pour être sage, et je le suis devenue
sitôt qu'on m'a permis d'user de ma raison. Mais dans
l'âge des illusions, de l'inexpérience et des besoins, où
les séducteurs nous assiègent, pendant que la misère
nous poignarde, que peut opposer une femme à tant
d'ennemis rassemblés ? [...] Hommes plus qu'ingrats
qui flétrissez par le mépris les jouets de vos passions,
vos victimes ! C'est vous qu'il faut punir des erreurs
de notre jeunesse ; vous et vos magistrats, si vains du
droit de nous juger, et qui nous laissent enlever par
leur coupable négligence, tout honnête moyen de
subsister. Est-il un seul état pour les malheureuses
filles ? Elles avaient un droit naturel à toute la parure
des femmes : on y laisse former mille ouvriers de l'autre
sexe [...] Dans les rangs même plus élevés, les femmes
n'obtiennent de vous qu'une considération dérisoire ;
leurrées de respects apparents, dans une servitude réelle ;
traitées en mineures pour nos biens ; traitées en majeures

pour nos fautes ! Ah sous tous les aspects, votre conduite
avec nous fait horreur, ou pitié !

La Révolution et la femme :
l'amazone Théroigne...

Les *Cahiers des États généraux* montrent une conscience des
carences de la condition féminine, mais seulement en ce qui
concerne la misère ou la prostitution et en oubliant la question
de l'égalité politique ou du droit au travail. Les femmes se
prennent donc en charge et publient, grâce à la liberté de la
presse, des brochures, ou inspirent des rédacteurs masculins
(Griefs et Plaintes des Femmes mal mariées, Mémoire sur le
Divorce, Pétition des Femmes du Tiers État au Roi, Requête
des Dames à l'Assemblée nationale, Droits de la Femme et
de la Citoyenne, etc.).

Elles prennent part à des émeutes, sans bannière féministe
réelle, mais espérant se signaler comme citoyennes à part
entière. Symbolisant cette action, la figure de Théroigne de
Méricourt, semi-légendaire certes, paraît intéressante : cette
fille de fermiers luxembourgeois, devenue chanteuse à Londres,
puis maîtresse d'un aristocrate parisien en 1789, fonde le
premier club politique, défend le droit des femmes à porter
les armes, participe aux journées révolutionnaires d'août 1792.
Voici un extrait de sa harangue aux femmes du faubourg
Saint-Antoine (1792).

Armons-nous, nous en avons le droit par la nature et
même par la loi. Montrons aux hommes que nous ne
leur sommes inférieures ni en vertus, ni en courage...
On va essayer de nous retenir en employant les armes
du ridicule... Mais, nous nous armerons parce qu'il est
raisonnable que nous nous préparions à défendre nos
droits, nos foyers, et que nous serions injustes à notre

201

égard et responsables à la Patrie, si la pusillanimité que nous avons contractée dans l'esclavage avait encore assez d'empire pour nous empêcher de doubler nos forces. Il est temps que les femmes sortent de leur honteuse nullité. Les hommes prétendent-ils seuls avoir des droits à la gloire ? Nous aussi voulons briguer l'honneur de mourir pour une liberté qui nous est peut-être plus chère qu'à eux, puisque les effets du despotisme s'appesantissent encore plus durement sur nos têtes que sur les leurs. Armons-nous !

Le XIXe siècle : de la révolte au salon

George Sand, pendant la période romantique, fumera le cigare et écrira des romans « féministes » (*Indiana, Valentine, Lélia, Jacques,* de 1832 à 1834). Dans la préface d'*Indiana*, de l'édition de 1842, elle va assez loin dans la défense des droits de la femme :

J'ai écrit *Indiana*, et j'ai dû l'écrire : j'ai cédé à un instinct puissant de plaintes que Dieu avait mis en moi, Dieu [...] qui intervient dans les plus petites causes aussi bien que dans les grandes. Mais quoi ! celle que je défendais est-elle donc si petite ? C'est celle de la moitié du genre humain tout entier ; car le malheur de la femme entraîne celui de l'homme, comme celui de l'esclave entraîne celui du maître [...] Ceux qui me lisent sans prévention comprennent que j'ai écrit *Indiana* avec le sentiment non raisonné il est vrai, mais profond et légitime de l'injustice et de la barbarie des lois qui régissent encore l'existence de la femme dans le mariage, dans la famille et dans la société. Je n'avais point à faire un traité de jurisprudence mais à guerroyer contre l'opinion car c'est elle qui retarde ou prépare les améliorations sociales. La guerre sera longue et dure ; mais je ne suis ni le premier ni le seul ni le dernier champion d'une si belle cause et je la défendrai tant qu'il me restera un souffle de vie.

Cependant, l'opinion n'est guère prête, et un peu plus tard, dans une lettre à M. de Pompéry, George Sand écrit :

Les femmes qui prétendent qu'elles auraient le temps d'être députés et d'élever leurs enfants ne les ont pas élevés elles-mêmes [...] La femme peut bien, à un moment donné, remplir d'inspiration un rôle social et politique, mais non une fonction qui la prive de la mission naturelle : l'amour de la famille.

Balzac est en général mysogine. Jamais il ne l'a plus été que dans la *Physiologie du mariage*, où il écrit : « La femme est une propriété que l'on acquiert par contrat, elle est mobilière car la possession vaut titre. »
Bien sûr, l'ex-étudiant en droit s'amuse à partir du Code civil. Mais la majorité de ses œuvres présentent la femme comme l'inspiratrice et le réceptacle de l'amour masculin. Elle doit être belle, élégante, discrète, avant de pouvoir tenir salon.
Dans *les Illusions perdues* (1847), Madame de Bargeton, fleuron de la noblesse d'Angoulême, s'entiche d'un jeune poète, Lucien de Rubempré, et décide de le « lancer » dans son salon...

Quand tout le monde fut arrivé, quand les causeries eurent cessé, non sans mille avertissements donnés aux interrupteurs par M. de Bargeton, que sa femme envoya comme un suisse d'église qui fait retentir sa canne sur les dalles, Lucien se mit à la table ronde, près de Mme de Bargeton, en éprouvant une violente secousse d'âme. Il annonça d'une voix troublée que, pour ne tromper l'attente de personne, il allait lire les chefs-d'œuvre récemment retrouvés d'un grand poète inconnu. Quoique les poésies d'André de Chénier eussent été publiées dès 1819, personne, à Angoulême, n'avait encore entendu parler d'André de Chénier. Chacun voulut voir, dans cette annonce, un biais trouvé par Mme de Bargeton pour ménager l'amour-propre du poète et mettre les auditeurs à l'aise. Lucien lut d'abord *le Jeune Malade*, qui fut accueilli par des murmures flatteurs ; puis *l'Aveugle*, poème que ces esprits médiocres trouvèrent long. [...]

Plongée dans une délicieuse rêverie, une main dans ses boucles, qu'elle avait défrisées sans s'en apercevoir, l'autre pendant, les yeux distraits, seule au milieu de son salon, Mme de Bargeton se sentait pour la première fois de sa vie transportée dans la sphère qui lui était propre. [...]

Mme de Bargeton, blessée du mépris que chacun marquait à son poète, rendit dédain pour dédain en s'en allant dans son boudoir pendant le temps que l'on fit de la musique.

Le XXᵉ siècle : un début de siècle très « dix-neuvième »...

Le monde de Proust, dans *À la recherche du temps perdu* (1919), s'apparente beaucoup à celui du XIXᵉ siècle, qu'il semble continuer. La femme y apparaît également comme l'inspiratrice de l'amour, et donc de la création artistique, chez l'homme : quand elle fait profession d'aimer l'art, qu'elle tient salon, elle est ridicule et furieusement bourgeoise. Mme Verdurin, amuse le narrateur pour qui la femme idéale ne peut qu'être une duchesse de Guermantes au profil finement racé, aux gestes mesurés et exquis, nimbée de lumière et de parfum rare...

Pour faire partie du « petit noyau », du « petit groupe »,
du « petit clan » des Verdurin, une condition était
suffisante mais elle était nécessaire : il fallait adhérer
tacitement à un Credo dont un des articles était que le
jeune pianiste, protégé par Mme Verdurin cette année-
là et dont elle disait : « Ça ne devrait pas être permis
de savoir jouer Wagner comme ça ! », « enfonçait » à la
fois Planté et Rubinstein et que le docteur Cottard avait
plus de diagnostic que Potain. Toute « nouvelle recrue »
à qui les Verdurin ne pouvaient pas persuader que les
soirées des gens qui n'allaient pas chez eux étaient
ennuyeuses comme la pluie, se voyait immédiatement
exclue. Les femmes étant à cet égard plus rebelles que
les hommes à déposer toute curiosité mondaine et l'envie
de se renseigner par soi-même sur l'agrément des autres
salons, et les Verdurin sentant d'autre part que cet
esprit d'examen et ce démon de frivolité pouvait par
contagion devenir fatal à l'orthodoxie de la petite église,
ils avaient été amenés à rejeter successivement tous les
« fidèles » du sexe féminin. [...] Si le pianiste voulait
jouer la chevauchée de la *Walkyrie* ou le prélude de
Tristan, Mme Verdurin protestait, non que cette
musique lui déplût, mais au contraire parce qu'elle lui
causait trop d'impression. « Alors vous tenez à ce que
j'aie ma migraine ? Vous savez bien que c'est la même
chose chaque fois qu'il joue ça. Je sais ce qui m'attend !
Demain quand je voudrai me lever, bonsoir, plus
personne ! » S'il ne jouait pas, on causait, et l'un des
amis, le plus souvent leur peintre favori d'alors,
« lâchait », comme disait M. Verdurin, « une grosse
faribole qui faisait esclaffer tout le monde », Mme Verdurin surtout, à qui — tant elle avait l'habitude de
prendre au propre les expressions figurées des émotions
qu'elle éprouvait — le docteur Cottard (un jeune
débutant à cette époque) dut un jour remettre sa
mâchoire qu'elle avait décrochée pour avoir trop ri.

L'ère du deuxième sexe...

Après la Seconde Guerre mondiale, alors que les femmes avaient enfin acquis le droit de vote en France, paraît en 1949 *le Deuxième Sexe*, un essai de Simone de Beauvoir (1908-1986). Elle y parle d'elle-même, de la condition de la jeune fille et de la femme dans la société bourgeoise, et s'aperçoit qu'en fait elle œuvre pour l'ensemble des femmes.

Libérée de sa famille (elle refuse le « beau mariage » avec son cousin), étudiante en philosophie, elle apprend ce qu'est l'indépendance. L'homme a trop d'emprise sur la femme, pense-t-elle, et elle condamne le mariage : « Le principe du mariage est obscène, parce qu'il transforme en droits et devoirs un échange qui doit être fondé sur un élan spontané. »

La réflexion porte alors sur la sexualité qui, de tous temps, a réduit la femme à l'état d'objet, et sur son droit si ce n'est son devoir de se posséder soi-même corps et âme. C'est ainsi que Simone de Beauvoir est demeurée amie et maîtresse du philosophe Jean-Paul Sartre sans vouloir l'épouser, mais passant « contrat », reconductible d'année en année, puisque sa liberté n'était pas entamée.

Le Deuxième Sexe est un livre clef. Depuis beaucoup d'ouvrages sont publiés, fictionnels, informatifs ou autobiographiques, qui traitent de la condition féminine et notamment des difficultés des femmes pour obtenir une égalité de traitement avec les hommes au cours de leurs études et dans leur vie professionnelle.

C'est le cas, par exemple, de Gisèle Halimi, célèbre avocate parisienne, qui mène un incessant combat, dans son métier et dans ses livres.

Aussi loin que peuvent remonter dans le temps mes souvenirs, je revois, d'une manière très précise, les différences ressenties, le clivage fille-garçon. Je sais que

très très jeune, vers l'âge de sept, huit ans, ma mère nous obligeait à laver le sol de la maison. (En Tunisie, il n'y a pas de parquet, il y a des carreaux par terre.) Il n'était pas question de le demander à mon frère qui était pourtant plus âgé, et beaucoup plus solide que nous, les filles. Je devais ranger, faire la vaisselle. Dans la maison, l'homme n'avait jamais rien à faire. Nous, les filles et ma mère, étions là pour le servir.

C'est quand nos études ont pris une certaine importance que j'ai ressenti la discrimination. Après le certificat d'études, il a été question que mon frère continue. Dans la famille, on était décidé à se priver de tout pour qu'il ait un diplôme. Pendant ce temps, j'avais progressé toute seule. Mais ça n'avait jamais intéressé personne. (...)

J'étais déterminée à aller mon chemin, que ça plaise ou non. Et mon chemin passait d'abord par cette envie démesurée que j'avais de lire, d'apprendre, de connaître.

Gisèle Halimi,
la Cause des femmes, 1977, Grasset.

Les Femmes savantes et la critique

Qu'elles soient contemporaines ou postérieures à l'œuvre, les critiques n'ont pas toutes la même portée. Il faut en effet distinguer :

— *les écrits « privés »* qui n'intéressent que le rédacteur et le destinataire d'une correspondance, ou d'une dédicace (comme la lettre de Bussy-Rabutin au père Rapin, ou la dédicace d'*Alzire* à Mme du Châtelet par Voltaire). Ce sont des jugements éclairants sur le plan des mentalités et de la réception d'une œuvre par une *intelligentsia* donnée ;

— *les articles journalistiques* (publiés dans le *Mercure galant* par Donneau de Visé, ou par Ernest Renan dans *le Journal des débats*, par exemple), relevant d'une écriture « périssable » et faisant état des réactions du public après une représentation ;

— *la critique littéraire* : celle-ci se subdivise en critique « pointilliste » ou de goût, et en critique universitaire ou « rationnelle ».

La critique pointilliste insiste surtout sur l'adéquation de l'argument et de la psychologie des personnages aux bienséances, ou mœurs du temps. *Molière et la Comédie* de La Harpe (1786), les *Lundis* de Sainte-Beuve (1850) en découlent.

La critique universitaire du XXe siècle s'efforce de rationaliser les impressions produites par l'œuvre et de lui appliquer des « grilles de lecture ».

Écrits journalistiques et privés

On y est bien diverti tantôt par ces précieuses, ou femmes savantes, tantôt par les agréables railleries d'une certaine Henriette, et puis par les ridicules imaginations

d'une visionnaire qui se veut persuader que tout le monde est amoureux d'elle. Je ne parle point du caractère d'un père, qui veut faire croire qu'il est le maître dans sa maison, qui se fait fort de tout quand il est seul, et qui cède tout dès que sa femme paraît. Je ne dis rien aussi du personnage de M. Trissotin qui, tout rempli de son savoir et tout gonflé de la gloire qu'il croit avoir méritée, paraît si plein de confiance de lui-même, qu'il voit tout le genre humain fort au-dessous de lui.

Donneau de Visé, *le Mercure galant*, 12 mars 1672.

Je vous rends mille grâces, mon Révérend Père, des livres que vous m'avez envoyés [...]. Pour la comédie des *Femmes savantes*, je l'ai trouvée un des plus beaux ouvrages de Molière ; la première scène des deux sœurs est plaisante et naturelle ; celle de Trissotin et des Savantes, le dialogue de Trissotin et de Vadius, le caractère de ce mari qui n'a pas la force de résister en face aux volontés de sa femme et qui fait le méchant quand il ne la voit pas, ce personnage d'Ariste, homme de bon sens et plein d'une droite raison, tout cela est incomparable.

Bussy-Rabutin, *Lettre au père Rapin,* 1673.

Le ridicule que Molière et Despréaux [Boileau] ont jeté sur les femmes a semblé, dans un siècle poli, justifier les préjugés de la barbarie. Mais Molière, ce législateur dans la morale et dans les bienséances du monde, n'a pas assurément prétendu, en attaquant les femmes savantes, se moquer de la science et de l'esprit. Il n'en a joué que l'abus et l'affectation.

Voltaire, *Dédicace d' « Alzire »*
à Mme du Châtelet, 1736.

De même que les personnes pieuses auront toujours contre *Tartuffe* un grief assez fondé, de même il me semble que les personnes sérieuses auront toujours quelque peine à accepter *les Femmes savantes*. Cette façon de présenter les meilleures choses par leur côté ridicule a toujours de graves inconvénients dans un pays comme le nôtre, où le ton est la règle à peu près souveraine de l'opinion.

Ernest Renan, Journal des débats, 1854.

Critiques pointillistes

Les jugements sur le caractère des personnages appartiennent à une vision traditionnelle du théâtre moliéresque. Seuls les individus semblent compter, et forment morceau d'humanité en situation. Les personnages sont répartis en bons et méchants et subissent une sorte de procès d'intention.

Fille respectueuse et attachée à ses parents, Henriette n'est pas dupe de leurs défauts ; et quand il y va de son bonheur, elle sait se défendre d'une main douce, mais ferme. Dans la conduite, elle est sensée, discrète, honorable. Je n'ai pas peur de l'honnête liberté de ses discours : une fille qui montre ainsi sa pensée n'a rien à cacher.

Désiré Nisard, Histoire de la littérature française,
1844.

Il me paraît évident que, dans la pensée de Molière, Armande est une pécore infiniment déplaisante, sèche, envieuse, d'ailleurs ridicule d'un bout à l'autre de la

pièce [...]. Il la déteste parce qu'elle est « l'artifice »,
comme il aime Henriette parce qu'elle est la nature.

Jules Lemaître, *Impressions de théâtre*, 1895.

Bélise est tout autre. C'est l'intellectuelle romanesque.
Son rôle pourrait être intitulé : *à quoi rêvent les vieilles
filles...* Armande est l'intellectuelle idéaliste [...]. Philaminte est presque l'intellectuelle complète. Elle a du
moins les plus hauts défauts de l'intellectuelle.

Émile Faguet, *En lisant Molière*, 1914.

Armande était belle, faite pour aimer et pour être aimée.
Elle s'est installée dans l'imposture. Elle ment à elle-
même plus qu'elle ne ment aux autres. Elle s'enivre
d'un orgueil chimérique, d'un idéal absurde.

Antoine Adam, *Histoire de la littérature française
au XVIIᵉ siècle*, Domat, 1952.

Trissotin et Vadius resteront les types du cuistre arriviste
et du cuistre gaffeur, comme Diafoirus et son fils
Thomas ceux de la routine solennelle et de la sottise
présomptueuse en des ânes savants.

Georges Lafenestre, *Molière*, 1909.

Dans la série des sages de Molière, comme le Cléante
du *Tartuffe*, ou le Béralde du *Malade imaginaire*, Ariste
a une physionomie bien distincte. Il est assez rarement
« raisonneur » : presque tout son rôle est en action ; sa
destination est d'être pour Chrysale comme un réservoir
d'énergie, de soutenir ainsi pendant trois actes l'action
dramatique et d'assurer à la fin, un heureux dénouement
par son stratagème.

Gustave Reynier, *les Femmes savantes*, 1937.

Quelques critiques universitaires

Molière est revenu sur ce sujet [l'éducation des femmes] avec plus de complaisance que sur tout autre, dans les *Précieuses ridicules,* dans *l'École des Maris,* dans *l'École des femmes,* dans *les Femmes savantes.* La question n'avait pas cessé d'être d'actualité. [...] Molière est un auteur gai [... d'] une gaieté large qui ne se montre jamais vétilleuse sur le choix des moyens de rire.

Daniel Mornet, *Molière*, Hatier-Boivin, 1943.

Il n'est pas un seul bourgeois de Molière qui présente en tant que bourgeois, quelque élévation ou valeur morale. L'idée même de la vertu proprement bourgeoise se chercherait en vain à travers ses comédies. [...] Même dans les œuvres les plus hostiles en apparence aux façons d'être et de penser aristocratiques, dans *les Précieuses* et *les Femmes savantes*, le type du bon bourgeois a sa part de ridicule. [...] Mais quand il a voulu développer son sujet dans *les Femmes savantes*, Molière a distingué deux formes possibles du bon sens, en l'incarnant à la fois dans Chrysale où il est bourgeois, c'est-à-dire prosaïque et risible, et dans Clitandre, chez qui il est solidaire du « bon ton » : le bon sens là où il est digne de la société polie, a perdu toute trace de bourgeoisie. Quant aux précieuses ou aux femmes savantes, leur ridicule naît en grande partie de la disproportion qui existe entre leur rang et leurs visées. [...] Il (Molière) apparaît ainsi lui-même comme le champion, non pas du bon sens bourgeois, mais du bon ton aristocratique.

P. Bénichou, *Morales du Grand Siècle*, Gallimard, 1948.

Plus encore qu'une comédie classique, *les Femmes savantes* sont une comédie bourgeoise [...], la première de ce type dans le théâtre de Molière. Mais cet esprit bourgeois s'exprime non par la prose de M. Jourdain, mais par l'alexandrin d'Alceste. [... Elle] tend vers le drame bourgeois dont elle accouche au début du cinquième acte dans le huis-clos et le clair-obscur de la rencontre Henriette-Trissotin, sommet de la comédie.

Alfred Simon, *Molière, une vie,*
la Manufacture, 1988.

Le personnage central de la comédie de Molière est presque toujours un inconscient. Il ne voit pas ce que le public voit fort bien ; de cette distance naît le sentiment de supériorité du spectateur et par suite l'euphorie comique. La nature des ridicules inconscients particularisant les sujets des différentes comédies varie selon les époques. [...] Puis il découvre la préciosité ridicule, qui est aveuglement par nature, et s'en souviendra dans de nombreuses pièces.

Colette et Jacques Scherer, « L'œil du prince »,
in *le Théâtre en France,* 1er vol., Armand Colin, 1988.

Le point de vue d'un homme de théâtre

Molière aurait pu pousser davantage au plaisant son sujet des *Femmes savantes*. Il aurait pu le semer de plus d'incidents pittoresques et nous montrer en action, par exemple, la maison désorganisée de Chrysale telle que celui-ci la décrit au deuxième acte : le valet qui brûle un rôt en lisant quelque histoire, ou celui qui rêve à des vers quand il verse à boire. Il aurait pu multiplier les épisodes de détente, tels que la lecture du madrigal, l'entrée de Vadius et certaines parties du rôle de Chrysale, notamment la scène du notaire au cinquième acte. Mais son intention de s'élever au-dessus de la farce des *Précieuses* et d'atteindre la vérité générale est partout marquée. C'est volontairement qu'il garde le ton majeur à la satire.

Jacques Copeau, *Registres II, Pratique du théâtre*, Gallimard, 1976.

La Carte de Tendre (détail). Gravure du XVIIᵉ siècle. B.N., Paris.

Avant et après la lecture

Recherches d'ordre littéraire

La préciosité

1. Qu'est-ce que le mouvement précieux ? Le situer historiquement et distinguer :
— les aspects littéraires ou linguistiques : qualifier le vocabulaire et les tournures employées en citant des exemples qu'on traduira en langage courant. Quelles sont les formes littéraires bannies par les précieuses ?
— les aspects sociologiques : concepts féministes, tentative de modification des rapports de force homme-femme, exemples de femmes importantes, inspiratrices du mouvement... ;
— les aspects psychologiques et comportementaux : idéal amoureux, règles de la cour amoureuse, influences de la littérature courtoise sur la préciosité galante.
2. Écouter la chanson de Georges Moustaki, *la Carte du Tendre* (in *G. Moustaki*, Polydor, 1985) et faire un parallèle avec la carte des « précieuses » (voir ci-contre et p. 179).

La poésie et les formes poétiques

1. Relever les formes de poèmes évoquées dans la pièce, les définir à l'aide d'un dictionnaire et en chercher des exemples dans les manuels de français ou une anthologie de la poésie française.
2. Étudier les formes poétiques du XVIIe siècle et les comparer avec la poésie moderne (métrique, rime, ponctuation, etc.).

La satire

Qu'est-ce que la satire ? Importance de sa forme théâtrale dans les grands débats littéraires du XVIIe siècle. Recherche sur les « querelles » ou « cabales » que Molière a dû subir et auxquelles il a répondu, par exemple à la suite de *l'École des femmes.*

Théâtre, mise en scène

1. En arts plastiques et E.M.T., réaliser des décors et des costumes pour la pièce dans son ensemble.
2. Éducation physique et musique : études gestuelles, adaptation mimée ou dansée de certaines scènes (parades amoureuses et cérémonials de l'amour précieux, étiquette de salon, etc.) sur des musiques du XVIIe siècle.

Expression écrite

1. Choisir une scène ou un extrait de scène présentant un affrontement de deux personnages et récrire un dialogue moderne, en trouvant des équivalents en français du XXe siècle du vocabulaire du XVIIe.
2. Imaginer le dénouement de la pièce, si Ariste n'existait pas.
3. Faire le portrait (physique, comportement...) d'un des personnages de la pièce.
4. Étudier les différents comiques de la pièce ; en particulier, relever ce qui se rattache à la satire ou à la farce. Citer les passages.

Le féminisme

Qu'est-ce que le mouvement féministe ? Faire son historique. Enquêter autour de soi, faire un dossier de presse et montrer la situation des femmes aujourd'hui, en France et ailleurs. Les revendications exprimées dans la pièce ont-elles été satisfaites ? (Lire, de Maïté Albistur, *Histoire du féminisme français,* Des femmes, 1977.)

Bibliographie, discographie

Édition

L'édition la plus complète est celle de Georges Couton dans la Bibliothèque de la Pléiade (Gallimard, 1971, vol. X).

Molière, son œuvre, sa langue

Antoine Adam, *Histoire de la littérature française au XVII*e siècle, tome III, Éditions mondiales, 1974.

Paul Bénichou, *Morales du Grand Siècle*, Gallimard, 1948, « Folio Essais » 1988.

Jean-Pierre Collinet, *Lectures de Molière*, Colin, 1974.

Jean Dubois, René Lagane, Alain Lerond, *Dictionnaire du français classique*, Larousse, « Références », 1988.

René Jasinski, *Molière*, Hatier, « Connaissance des lettres », 1969.

Jacques Scherer, *la Dramaturgie classique en France*, Nizet, 1986.

Vaugelas, *Remarques sur la langue française* (1646), Larousse, coll. « Classiques », 1975 (extraits).

Pierre Voltz, *la Comédie*, Armand Colin, coll. « U », 1964.

Discographie

Les Femmes savantes, mise en scène de J.-P. Roussillon, France-Culture, série la « Comédie-Française ».

Petit dictionnaire pour lire
les Femmes savantes

acception *(n. f.)* : sens dans lequel un mot est employé.

action *(n. f.)* : marche des événements dans une pièce de théâtre.

alexandrin *(n. m.)* : vers de douze syllabes qui comporte une césure (une coupure) divisant généralement le vers en deux hémistiches de six syllabes.

allusion *(n. f.)* : fait d'évoquer quelqu'un, quelque chose ou une idée sans en parler précisément.

aparté *(n. m.)* : entretien entre deux personnages, ou paroles qu'un personnage se dit à lui-même, non entendus par les autres.

ballade *(n. f.)* : petit poème de forme fixe au Moyen Âge, adapté au XIXe siècle et au début du XXe pour raconter une légende populaire.

bout-rimé *(n. m.)* : poème réalisé avec des rimes imposées d'avance.

cabale *(n. f.)* : au XVIIe siècle, nom donné à un ensemble de personnes liées entre elles par le commun désir de nuire à une œuvre ou à une personne.

commedia dell'arte *(n. f.)* : comédie à l'italienne qui consistait pour les acteurs à improviser à partir d'un canevas, c'est-à-dire un plan.

comédie de caractère : comédie où le rire du spectateur est motivé par la bizarrerie ou l'excès du caractère d'un personnage.

comédie de situation : comédie où le rire du spectateur est motivé par la bizarrerie ou le caractère inattendu des situations auxquelles les personnages se trouvent confrontés.

complication *(n. f.)* : événement qui vient entraver le projet conçu par les héros.

contre-emploi *(n. m.)* : rôle qui ne correspond pas au physique ou au tempérament d'un acteur.

dénouement *(n. m.)* : conclusion, issue d'une pièce de théâtre, après que les obstacles aient été éliminés.

dépréciatif *(adj.)* : péjoratif, qui rabaisse la valeur de quelque chose.

deus ex machina *(expr. latine)* : dans le théâtre antique, mot à mot, « dieu sorti d'une machine » sur la scène. Au XVIIe siècle, toute intervention d'un être surnaturel, puis toute intervention extérieure permettant de dénouer l'action. Ex. : Ariste qui sauve les choses à l'acte V est un véritable *deus ex machina*.

dialecte *(n. m.)* : forme particulière prise par une langue dans une région (adj. dérivé : dialectal).

didascalie *(n. f.)* : indication donnée par l'auteur à l'acteur ou au metteur en scène et figurant en italiques ou entre parenthèses.

dramatique *(adj.)* : 1. relatif au théâtre ; 2. sens habituel de grave, triste...

dramaturgie *(n. f.)* : art de composer des pièces de théâtre. Le dramaturge est celui qui écrit ces œuvres.

drame bourgeois : pièce de théâtre non tragique (qui ne présente pas des demi-dieux ou des souverains malheureux), mais des gens de tous les jours, des bourgeois notamment, et suscitant chez le spectateur des sentiments mêlés de tristesse et de rire.

enjeu *(n. m.)* : projet que le (ou les) héros se fixe(nt). Ex. : le mariage de Clitandre et d'Henriette.

épigramme *(n. m.)* : petit poème terminé par un jeu de mots.

épistolaire *(adj.)* : qui concerne les lettres, la correspondance.

euphémisme *(n. m.)* : emploi d'un mot, d'une expression à la place d'autres qui pourraient choquer. Ex. « disparaître » au lieu de « mourir ».

exposition (scène d') : scène présentant les personnages et leur situation au début de la pièce.

farce *(n. f.)* : genre d'un comique assez gros, mis au point au Moyen Âge où le rire du spectateur est motivé par les « clowneries » des acteurs, les coups de bâton, les gifles qu'ils se donnent, les quiproquos, les jeux de mots, etc.

ironie *(n. f.)* : fait de dire le contraire de ce que l'on pense à quelqu'un, sur un ton qui lui fait comprendre que ce n'est pas la vérité ; par ex., dire : « oh ! quelle joie de vous voir ! » à quelqu'un, sur un ton qui montre qu'on le déteste...

jargon *(n. m.)* : langage particulier à une discipline (médecine, droit, psychanalyse, etc.), compris seulement par les spécialistes.

jeune premier, jeune première : acteurs jouant le couple de jeunes et beaux amoureux de la pièce.

joute oratoire : lutte en paroles, concours de beaux discours, de bons mots, etc.

laudatif *(adj.)* : qui fait l'éloge (contraire : dépréciatif ou péjoratif).

métaphore *(n. f.)* : comparaison non explicite, dont le lien comparatif *(comme, tel, ainsi que,* etc.) est supprimé. Dans : « Ô fleuve, serpent fluide et vert », il y a une comparaison entre la forme et la couleur du fleuve et celles du serpent sans l'utilisation de termes comparatifs.

monomanie *(n. f.)* : aliénation mentale dans laquelle une seule idée semble absorber toutes les facultés intelligentes. Beaucoup de personnages moliéresques sont monomanes : les trois Savantes sont bien sûr absorbées entièrement par le savoir, le Bourgeois gentilhomme par l'idée de paraître noble, etc.

nœud *(n. m.)* : crise, point culminant de l'action, moment où l'intrigue atteint sa complexité maximale avant le dénouement.

paraphrase *(n. f.)* : commentaire d'un texte, d'un discours, qui ne fait que le répéter, sans apporter d'autre idée.

parodie *(n. f.)* : imitation comique d'une œuvre littéraire ou autre.

péripétie *(n. f.)* : événement imprévu qui change la situation d'un ou de plusieurs personnages, en bien ou en mal.

périphrase : fait d'employer une expression détournée et longue au lieu du terme précis.

poésie courtoise : poésie raffinée qui est apparue au XIe-XIIe siècle dans les cours seigneuriales du midi de la France et célébrant les joies et les tristesses d'aimer.

portrait charge : caricature littéraire ou autre, critique vive et exagérée à propos de quelqu'un.

préciosité *(n. f.)* : tendance au raffinement dans le comportement et le langage qui se manifeste en France dans certains salons au cours de la première moitié du XVIIe siècle. Être précieux, c'est affirmer sa volonté de raffinement par des manières et des propos affectés.

querelle des Anciens et des Modernes : polémique littéraire qui opposa, à la fin du XVIIe siècle et au début du XVIIIe, les tenants de la supériorité des auteurs modernes et les partisans des auteurs de l'Antiquité.

rebondissement *(n. m.)* : conséquence imprévue d'un événement (en fait, très voisin de la péripétie) et qui permet de relancer l'action.

redondance *(n. f.)* : répétition d'éléments de même sens.

registre de langue : niveau du langage, du vocabulaire utilisé (soutenu = élégant, neutre = correct, familier = populaire, vulgaire).

règles dramatiques : ce sont les « unités » de temps, de lieu, d'action et de bienséance obligatoirement respectées par les dramaturges sous peine de voir leur pièce rejetée par le public élégant, et la critique, au XVIIe siècle. La pièce (surtout la tragédie) est censée se dérouler en 24 heures, en un seul et même lieu (un palais par exemple), ne comporter qu'un seul enjeu, et enfin ne doit pas choquer la sensibilité d'un public raffiné (pas de meurtre sur scène, par exemple...).

résolution *(n. f.)* : voir « dénouement ».

romanesque *(adj.)* : peut qualifier le caractère d'une personne présentant une tendance au rêve et qui transforme les événements en roman, par son imagination.

rondeau *(n. m.)* : poème à forme fixe, à la mode au XVIe siècle, qui comportait une sorte de refrain. Plusieurs formes étaient possibles.

satire *(n. f.)* : œuvre littéraire qui s'attaque aux mœurs publiques ou privées, ou qui tourne quelqu'un, quelque chose en ridicule ; le satiriste se moque des ridicules de son époque.

sens propre/sens figuré : 1. sens propre : expression appropriée à quelque chose, qui en rend parfaitement compte ; 2. sens figuré : expression qui donne la signification d'une chose par image, métaphore.

sonnet *(n. m.)* : poème à forme fixe de quatorze vers, répartis en deux strophes de quatre vers (quatrains) et deux strophes de trois vers (tercets).

tirade *(n. f.)* : long monologue ininterrompu.

utopie *(n. f.)* : au sens propre, pays imaginaire, puis, par extension, conception imaginaire d'un gouvernement idéal, enfin toute sorte d'idée trop irréelle pour se voir réaliser (adj. dérivé : utopique) ; **utopiste** : personne qui propose de changer l'ordre des choses avec ses idées chimériques.

Conception éditoriale : Noëlle Degoud.
Conception graphique : François Weil.
Coordination éditoriale : Marie-Jeanne Miniscloux,
Emmanuelle Fillion.
Collaboration rédactionnelle : Denis A. Canal, agrégé
de lettres classiques.
Coordination de fabrication : Marlène Delbeken.
Dessin : Catherine Beaumont, p. 12.
Documentation iconographique : Nicole Laguigné.
Schémas : Léonie Schlosser, p. 2 ; Thierry Chauchat, pp. 8 et 9.

Sources des illustrations
Agnès Varda : p. 74.
Bernand : p. 80.
Bibliothèque nationale : p. 14.
Christophe L. : p. 5.
Claire Brétécher : p. 190.
Giraudon : p. 22, 214.
Enguérand : p. 27.
Hachette : p. 21.
Larousse : p. 172.
Marc Enguérand : p. 64, 170.
Roger-Viollet/Coll. Viollet : p. 16.
Roger-Viollet/coll. Lipnitzki-Viollet : p. 112.

COMPOSITION SCP BORDEAUX.
IMPRIMERIE HÉRISSEY - 27000 ÉVREUX. N° 53738.
Dépôt légal : Décembre 1989. N° de série Éditeur : 16023.
IMPRIMÉ EN FRANCE *(Printed in France).* 871 307 J-Mars 1991.

Dans la nouvelle collection
Classiques Larousse